LA TÊTE

DU MÊME AUTEUR

MONSIEUR A-T-IL BIEN TOUT DIT AUJOURD'HUI ?, Denoël, 1967.

« Je voudrais bien toutefois vous voir dessiner ou peindre des gens [illegible]naires, avec des vêtements. »

VAN GOGH,
Lettre à Van Rappard.

Il n'est pas rare de voir, au même instant, tous les membres d'une famille lever le nez et plisser les yeux : c'est qu'une bouffée de cacao vient de survoler l'enterrement. Les parfums et les puanteurs déniaisent les cérémonies.

Aujourd'hui, dans cette salle d'audience, une senteur de chou-fleur et de caoutchouc brûlé va et vient, par moments. Me Gleize parle.

C'est son haleine, sûrement, se dit l'accusé. Me Gleize est habité par une grande colère. Il ne regarde jamais Henri, il le montre. Il lui fait honte. Il n'a jamais vu, dit-il, une bête aussi puante. Les jurés doivent penser à leur fille, à leur épouse, à leur mère. Toutes ces femmes pourraient être la victime de ce monstre si, un jour, la liberté lui était rendue.

Henri Julien, l'accusé, n'a jamais vu personne lui verser tant de haine. Il est surpris, dégoûté.

– Je suis d'accord avec Me Gleize, dit-il, il y a beaucoup trop de gens en liberté. Mais pourquoi s'acharner contre moi ? C'est la première fois que je tue quelqu'un.

Maladresse. Henri Julien la regrette. Il n'avait pas l'intention de scandaliser mais seulement de rappeler qu'il était, juste avant ce meurtre, un citoyen comme un autre, capable d'être juré ou avocat – capable de voter la mort.

– C'est vrai, Guillemette est morte dans mes mains, par ma faute. Nous étions nus. Les stores étaient baissés. Elle était allongée. Je l'étranglais tendrement, juste en deçà du danger. Elle aimait frôler l'étouffement. Je suis sûr de mes mains. Elles ne m'ont pas trahi, mais le plaisir extrême est un équilibre difficile à tenir. Quelque chose lui a fait peur – qui n'était pas mes mains. L'intimité, peut-être. Il y a eu un regard d'effroi. Un seul. J'ai lâché : c'était trop tard.

– Votre femme était présente ?

– Oui.

– Oui, mais je n'ai rien vu, dit Marthe.

J'étais attachée à une chaise et j'avais les yeux bandés. Guillemette était ma sœur.

– Ta demi-sœur.

– Oui, ma demi-sœur.

– Vous n'avez rien entendu ?

– Un long silence, dit Marthe.

– Quelle misère ! s'écrie Me Gleize. Comme je voudrais, Messieurs et vous, Madame, qu'une fois votre devoir accompli, vous puissiez oublier cette affaire. Comme je haïrais l'accusé si, par votre présence ici, vous aviez attrapé, fût-ce au fond de vos rêves, un germe pernicieux ! L'odeur de stupre qui...

– Chou-fleur ! murmure quelqu'un.

Le rire qui suit fait du bien à tout le monde : on reconnaît à Henri des circonstances atténuantes. Cinq ans de prison. Me Gleize lève les bras au ciel, effondré, toujours haineux. Marthe écrase une larme. Henri dit :

– Je vous remercie bien.

Le clicnt de Me Gleize est le mari de Guillemette : de dépit, il dénoue sa cravate noire et la met dans sa poche.

Me Gleize maintenant se dépêche. Dès qu'il s'assied dans sa voiture – un peu plus tôt, même : dès qu'il sent l'odeur de cuir que les bons déodorants donnent au plastique – Me Gleize retrouve son monologue.

« Si je n'avais pas cette vieille Audi, je serais libre. Je pourrais acheter ce qui me plaît. Une 20 TS, par exemple. Mais je vois d'ici leur tête : quatre mille au-dessous de l'Argus. Tandis que Prieur, le sourire aux lèvres, même si je n'achète qu'une Golf. Doit être dure, la Golf. La petite BM, c'est mieux. Pas la 318, la 320. Ou la 323. Chère pour la taille. Mais ramassée, courte, musclée. Exclue : la 520. Trop chère. La Jaguar aussi. Et pourquoi, après tout ? Elle est sauvage, cette bagnole. Brame en silence. Une fois dans sa vie ? Non. La vieille Rover – savoir s'il l'a retrouvée, Prieur ? Elle doit bien avoir seize ans, maintenant. S'appelait " 3500 ". Bleue, intérieur blanc. Haute, à peine vitrée. Assez basse quand même, finalement. Un abri. Une belle baleine en cuir. Des personnages, ces bagnoles. Mercedes, Mélisande... Évidemment, la CX. Si j'aimais la conduire. Mais voilà : je n'aime pas. C'est permis, non ? Une GS pendant que j'y suis. Une GS. Oui. Ou alors tout simplement, une 2 CV. Je la mettrais dans le train. " La deux pattes de Me Gleize. " Ça ne manquerait pas de civisme.

Comme l'autre zigue : " Je me suis payé les œuvres complètes de Diderot. On ne peut pas tout s'offrir. " Pauvre con, tu la monteras la côte. Et la Religieuse avec. En stop. Ou alors une Lada ? »

Une heure plus tard, Me Gleize quitte Pavillons-sous-Bois au volant d'une Rover chamois, toute neuve, réglée par M. Charles. En réalité, c'est M. Charles qui a vendu la Rover chamois. M. Charles a l'habitude de ses malades : il ne leur parle pas. Il sourit tendrement, pendant l'essai. Il fonce sur un mur, freine doucement et le mur s'arrête juste avant le pare-chocs. Il boucle les virages, accélère en profondeur, une fois pour toutes et puis, le moment venu, il atterrit. L'essai terminé, une vis jaillit de la portière neuve. M. Charles la ramasse et la remet sans protester. Cette voiture est si puissante qu'elle éjecte ses vis. Il faut comprendre. Son père a une Rover, son frère a une Rover, lui-même en a deux : l'ancienne et la nouvelle. Il nc peut pas s'en séparer. Tel est M. Charles, aussi sûr qu'un chamois. Me Gleize est fier : une fois encore, il a su résister aux Jaguar et aux 2 CV. Mais il se demande pourquoi il a dépensé tant de haine au cours de ce procès. Me Gleize pense à Isabelle, sa fille. Tourne autour du mot fesse. Le festoiement de l'inceste. Se dit qu'en ce cas, il eût été plus sévère encore – et plus bavant. Mi-lion, mi-limace.

Dans le salon, Marthe attend Me Gleize. Les murs disent que le maître a bien gagné sa vie depuis 1950. Les meilleures toiles présentes appartiennent à cette époque : Hartung, Soulages, Zao Wou-ki. Le petit Picasso paraît être un souvenir de voyage. Le troupeau de vaches débarquant d'un trois-mâts n'est pas un Boudin. Le canapé bleu ciel, l'épaisseur des tapis, la lumière presque noire donnent à Marthe l'envie d'être déshabillée. On me demande souvent, se dit-elle, si ma mère n'est pas polonaise. Ses yeux, elle voudrait les voir vraiment, comme les autres les voient. Elle sait que son visage devient gris, affolant, lorsqu'elle le défait. On entre.

C'est Suzanne, la secrétaire de Me Gleize. Elle n'ose pas questionner Marthe mais lorsqu'elle lui demande son nom, lorsqu'elle lui tient la porte ouverte, lorsqu'elle la laisse passer, il est clair qu'elle s'intéresse à elle.

En voyant Marthe à sa portée, Me Gleize

pense au fusil qu'il n'a pas encore donné à réviser. Il compte jusqu'à trois et dit :

– Je vous écoute.

– Guillemette était institutrice. Elle venait nous retrouver tous les mercredis. C'était tantôt elle, tantôt moi, sur la chaise. Pareil pour l'étranglette. C'est donc un accident.

– Pourquoi ne l'avez-vous pas dit ?

– Parce que. Au bout d'un certain temps, on n'est plus comme avant. On tourne en rond.

– Voyez le juge. Pourquoi le dire à moi ?

– Vous avez mal parlé d'Henri. Je voulais vous déranger.

Suzanne est surprise de voir Marthe sortir déjà. Elle lui demande si elle n'a rien oublié.

Pourquoi, se demande Daniel, pourquoi les stagiaires sont-elles toujours nues sous leur blouse ? Celle-ci particulièrement. Cette Laurence. Ce qu'elle a pu rire aujourd'hui. A chaque fois qu'il se lavait les mains. Cinq, six fois. Impossible d'effacer cette odeur de camphre. Le pouce et l'index, surtout. Plus poreux que les autres, malgré le tabac. Allez donc doser un mélange de thym et de sauge après avoir préparé ou servi un litre d'alcool camphré. Le végétal est sain, le minéral est sale. Sauf les cristaux, bien entendu. Impossible d'imaginer un cristal répugnant. Le rire cristallin de Laurence est une invention de sa mère. Un cristal ne rit pas ; même s'il est hyalin.

– Yalin ? demande Suzanne.

Ils se retrouvent tous les soirs sous l'abribus de vingt heures. Ils vont l'un et l'autre dans la même direction, jusqu'à un certain point. Là, ils se séparent. Daniel descend, Suzanne continue. Ils ne se sont jamais rencontrés ailleurs. Les deux avant-dernières places du fond, à droite, sont leurs préférées, mais le matin, souvent, elles sont occupées par des jeunes filles : c'est assis là qu'on voit le mieux la nuque, l'oreille droite et – quand il tourne – le profil de Léon, le conducteur.

Avant Léon, les demoiselles prenaient l'autobus pour aller au lycée. Maintenant, elles montent dans la grande voiture conduite par Léon, et elles se retrouvent en classe. Enfin, pas toutes et pas tout de suite. Certaines, prétend Suzanne, font un tour derrière les palissades, avec Léon.

– En groupe ?

– A deux ou trois. Il paraît qu'il les fait attendre.

Le temps dont Léon dispose dépend de la circulation. Le matin, quand l'autobus est pris dans un embouteillage, Suzanne, trente-deux ans, sourit, s'amuse. Elle sent la fièvre monter autour d'elle, plaint ces jeunesses, maudit leurs parents, les pilules, l'air du temps. Ce soir, Suzanne ne parle pas de Léon mais de Marthe. L'affaire, drôle d'affaire. Daniel en a lu le compte rendu. Il avait oublié Marthe, se rappelait Guillemette. La morte. Le camphre est toujours là. Il le dit. Suzanne décrit les yeux de Marthe : un cristal bleu, pointillé d'orange.

Mi-orpiment, mi-réalgar, suggère Daniel. Le plus beau jaune. Le plus beau rouge. Malheureusement, ce sont des sulfures d'arsenic. Daniel, étant gosse, croyait qu'il suffisait d'en avaler pour mourir. Erreur. Il conclut : presque tout finit en colique. Allons, allons, je vous parle d'une jolie femme et vous me répondez colique. C'est le camphre qui fait ça. A demain. A demain. Essayez l'eau de Javel.

Daniel admire Jeanine, sa femme. Elle pratique la vie comme un sport, lit *Que choi-*

sir? depuis le numéro 1. Elle sait, à tout moment, si elle perd ou si elle gagne, si elle est dupée ou comblée. Malgré cela, elle est jolie. Son ventre, surtout : grec, comme un i. Ils aimeraient bien avoir un enfant mais ils ne savent pas encore s'il est mieux de le concevoir plus tard ou maintenant. Comment faire son nid sur une courbe ? Leur appartement est amusant. Daniel a recouvert l'intérieur des volets de paysages opposés. Une fenêtre donne sur le mont Blanc, une autre sur le port de Roscoff, la troisième sur un fjord, la dernière, réellement, sur la rue Parmentier. C'est une idée de Jeanine : le jour, des hommes et des femmes de tout âge ouvrent devant elle leur bouche édentée. Elle est la prothésiste d'un chirurgien bien achalandé. Elle passe son temps à meubler les gencives de ces infirmes. Elle les tranquillise : oui, ils pourront à nouveau sourire et parler. Manger est accessoire. Avec le tartare et les petits légumes du marché, plus besoin de mastiquer. Mais les *t*, les *d*, les *p* ? Même les *s* ? Oui : même, vous verrez. Elle admire les vieux paysans qui avec une seule dent prononcent tous leurs mots. Une langue, une dent. Généreuse, elle ne dit pas à ses clients qu'ils ont perdu la plus belle part de leur racine, de leur sincérité, de leur vie : leur sourire sera creux. Comment, dans ces conditions, parler de Léon à Jeanine ? Daniel n'ose pas. Il dit seulement : aujourd'hui, l'autobus était conduit par une brute. Quant à Guillemette, non. Jeanine a beau être assise, on ne l'imagine pas ligotée. Daniel, une nouvelle fois, se lave les mains. Le savon de Jeanine est parfait : le camphre s'en est allé. Que choisir d'autre, ce soir ?

Drôle d'allure, ce paquet. Suzanne tourne le cube dans tous les sens. Un papier fripé, taché, une ficelle usée. Un paquet pauvre. Une bombe ? Non. Trop léger. C'est la première fois que Me Gleize reçoit un cadeau si mal emballé. Le coup de ciseaux perce une boîte. C'est une boîte. Vide ? Non. Horreur ! Une horreur !

Une tête. A peine formée. Des chiffons collés les uns aux autres, enfermés dans un bas. Une tête pourtant. Des yeux écorchés. Un fer à cheval dessine la mâchoire. Les joues sont inégales, bossues. Une tache rouge sur le front. Malaise. Malaise.

— Regardez, monsieur !

Me Gleize grimace, se fâche.

– Foutez-moi ça en l'air !

Si, il y a une lettre dans la boîte. Une carte : *Avec les compliments d'Henri Julien.* Le salaud. Saloperie. Qu'est-ce que c'est ? On n'ose pas le dire. Un sort ? Évidemment. Sans importance. Désagréable, seulement. Nous ne sommes pas des enfants. Nous jouons avec. Allez ouste : aux ordures. Au panier. La brûler serait trop. La jeter suffit.

Dans la pharmacie, Daniel est seul avec Laurence. C'est ce qu'il se dit. En fait, il feint de l'ignorer. Metteur en scène, il aménage la grande vitrine. Il saisit par les seins deux femmes nues, allongées sur le ventre, qui bronzent mieux que les autres. Il les met à l'horizon. Laurence fait du bruit, au fond, comme les gosses. Au premier plan, à droite, il pose une Eurasienne contente d'avoir si bien dormi ; grâce à son masque de sommeil. Elle est nue, l'Eurasienne, sous ses draps roses. Masque. Yeux bandés. Marthe. Laurence. Guillemette. Laurence ficelée. Entre Marthe et Guillemette. Elle rirait ? Un masque vendu en pharmacie est un masque raisonnable, acceptable, honorable. En amener un à la maison, le laisser traîner, l'essayer soi-même, en sortir détendu, réveillé, reposé. Vraiment, tu devrais. Voici qu'une vieille dame demande de la tisane pour dormir. Mais certainement. Si tout le monde dormait, on pourrait mettre Laurence en vitrine.

— Moi je veux bien, dit la dame, mais le mercredi suivant, ce serait toi sur la chaise et moi avec Jean-Pol.

Me Gleize sourit. La barbue à l'oseille est toujours bonne chez Leduc.

— Je serais ridicule.

— Et moi ?

— Toi, non, dit Me Gleize.

La dame est comme une autre, peut-être un peu plus jolie. C'est une amie ancienne retrouvée ce matin. Elle a téléphoné juste au moment où Suzanne jetait la tête au panier. Heureuse diversion. Ils ne s'étaient pas vus depuis trois ans. Sans la tête, pas de restaurant : Me Gleize ne déjeune plus ; maintenant, la conversation aidant, ils sont là, bons pour une reprise. Mais tout à coup, la dame dit :

— Dis-moi, Marcel, avais-tu d'aussi belles dents ?

Bouffée de honte.

– Et toi, ce cou ?

On n'est pas près de la revoir, cette dame-là.

– L'addition, s'il vous plaît.

– J'avais tout préparé. Des coquilles Saint-Jacques, un gâteau, du blanc de blancs dans un seau, deux noix de foie gras frais. Et il n'est pas venu. Pas un télégramme, rien. Même pas une rose ce matin.

– Il doit être bien malheureux, ce garçon, à l'heure qu'il est, dit Suzanne.

– Vous croyez ?

– Quand on a fait de la peine à quelqu'un, on est toujours malheureux.

– En tout cas, c'est moi qui pleure. Les hommes mariés, c'est fini. Ce que j'ai pu pleurer !

– Je le vois bien, Cécile. Donnez-moi celles-là.

C'est terrible, constate Suzanne, on ne peut même plus s'acheter une paire de chaussures sans avoir à consoler quelqu'un. Les hommes, non. Je me demande si Daniel serait capable de faire ça.

Sous l'abri-bus dont les glaces sont légèrement teintées, Daniel paraît angélique, presque bleu. Il lui est arrivé quelque chose qu'il raconte à Suzanne, avant même qu'elle ait pu lui dire un mot de cette horrible tête. Il attendait que deux heures couinent à sa montre japonaise pour entrer dans la pharmacie. Il ne voulait pas se trouver seul avec Laurence en dehors des heures de travail. Tout à coup, il entend qu'on l'appelle.

– Monsieur, monsieur !

C'était une vieille dame, du haut de son balcon.

– Venez donc prendre le café avec moi.

Charmant sourire, cheveux bien blancs, robe toute noire. Il monte jusqu'au second. Des plantes vertes partout. Quelques beaux meubles. Quelques armes prises à des indigènes, autrefois.

– Je m'ennuie, vous savez. Personne ne vient jamais me voir. Toutes mes amies sont mortes ou sourdes. Vous avez des enfants ? Moi non plus. (Elle rougit.) J'ai un petit-neveu, mais il vit sa vie. Je vous ai vu attendre, tout seul. Je me suis dit : « Il a l'air comme il faut, ce garçon. » Moi aussi, je suis comme il faut ! Une vieille bonne femme de quatre-vingt-cinq ans peut bien offrir un café à un monsieur qu'elle ne connaît pas, non ? Asseyez-vous, prenez. Ça fait du bien de causer un peu avec quelqu'un. Moi, je n'ai que mes plantes. Je leur parle, mais c'est un peu court. J'avais un chat, il s'est sauvé. C'est trop triste, ici, pour les animaux. Je les comprends. Vous aimez les plantes ? Oui, il faut les connaître. Revenez quand vous voudrez, vous me ferez plaisir. Vous travaillez par ici ? Alors, vous vendez des tisanes. D'habitude, je vais chez l'autre pharmacien. Mais je n'aime pas les habitudes. Mon père était officier et nous changions souvent de poste. Sur cette photographie, nous sommes encore au Tonkin. C'est moi, dans le pousse-pousse. J'adorais ça. Vous êtes choqué ? Ils étaient bien payés, vous savez. C'était si doux, le trot d'un homme... Vous êtes vraiment choqué ? Oh ! non, vous allez revenir, n'est-ce pas ? Je ne le dirai plus. Mais c'était vrai. Maintenant, ça ne l'est plus. Je sais. Je suis au courant. Je suis allé à Beaubourg, deux fois. Dans mon jeune temps, on aurait trouvé ça moderne. Aujourd'hui c'est un peu vieux jeu, tous ces tuyaux. Mais c'est très bien quand même. Tout le monde n'est pas aussi âgé que moi. Je ne vous choque pas, au moins ? Mettez donc un peu plus de sucre. Demain, je vous ferai un autre mélange. Il est joli, cet oiseau, hein ? C'est mon père qui l'a pris. S'il vous plaît, vous l'emportez. Je suis bien contente de vous avoir appelé.

— Tout de même, dit Suzanne, elle ne sait pas qui vous êtes. Tiens, vous avez des chaussures neuves. Vous connaissez la petite vendeuse, chez Bata ? Non ?

Suzanne est rassurée. Elle peut, maintenant, parler de la Tête. Franchement. Elle dit son envie de vomir, qu'il y a des gens dégoûtants, méchants, pire encore. Des fous qui ne le sont pas. Elle est très énervée. Elle se tait. Elle pense au goujat de Cécile. La Tête lui ferait du bien. Si elle la lui donnait ? Trop tard. Panier. Et puis cette histoire ne le regarde pas.

— Vous êtes bien taciturne, ce soir. C'est Léon qui vous manque ?

— J'ai rencontré une vieille dame qui meurt d'envie de te connaître, dit Daniel à Jeanine.

— Tu t'es encore trouvé une grand-mère ?

— Adorable.

— Où l'as-tu pêchée ?

— A Beaubourg.

— Tu aurais pu m'emmener. Qu'est-ce que tu as vu ?

— Des plantes vertes...

— Ils sont de plus en plus fous. Ouvre la fenêtre. Non ! Pas Roscoff, le mont Blanc. J'ai mis le fromage derrière le volet. Dans le sac. Il faut tout te dire ! Je t'ai fait des coquilles Saint-Jacques et un gâteau, ça te va ? J'ai retenu les billets. On part le 17 juillet. Escale à Panama. Ensuite, au hasard. Enfin, presque.

— Qui donc as-tu promené dans ta belle auto, aujourd'hui ? demande Isabelle à son père.

— Nul autre que moi-même.

— Et moi, pendant ce temps-là, je dois prendre l'autobus pour aller au lycée.

– Question d'âge, mon petit, conclut Me Gleize en prenant le seul cheval qui lui reste, pour le mettre en E1.

Me Gleize a beaucoup d'estime pour l'inventeur des problèmes d'échecs que lui propose, chaque semaine, son quotidien préféré. Cet homme-là, pense-t-il, doit savoir prendre une décision : ses coups sont toujours nets, quoique difficiles à prévoir.

– Me voici mat, mon chéri. Tu disais ?

Et de cajoler la belle enfant :

– Quel joli cou, sais-tu... M'épouserais-tu si tu n'étais pas ma fille ?

– Non.

La femme de ménage trouve la Tête dans le panier à papiers de Suzanne. Elle la tapote, la débarrasse des petits morceaux de scotch qui s'étaient fixés sur elle au cours de la journée. Lui trouve bonne mine, pense qu'elle était là par erreur et la pose, respectueusement, sur le clavier de la machinc à écrire. Sans malice.

Seul le port de Roscoff est éclairé. Jeanine, allongée sur le dos, nue. Elle a le torse et les hanches d'un garçonnet blond. Seins petits, circonflexes. Ventre plat. Toute l'année, en secret, Jeanine se passe sur la peau quelques gouttes d'huile solaire mélangée à une eau de poivrier : son corps sent l'été, la voile, la plaisance. Daniel respire, flaire la nuque. Jeanine remonte ses jambes et les laisse s'écarter. Il s'étend sur elle, sans complication. Mais voici qu'il pose la main sur ses yeux.

– Tu ne veux plus me voir ? dit-elle.

Si elle se retournait, on regarderait des fesses petites, avec fossette. Enfant, il lui arrivait de monter sur un tabouret pour se voir à l'envers, dans la glace. Aujourd'hui, elle a rompu avec son dos. Sa voix le dit : claire, distincte, sans ambiguïté. Jeanine n'aime que la face de son corps. Par goût ? Non. Par compensation. Son aisance est une réponse à l'absence de questions. Elle le dit parfois à Daniel, bien en face. Elle devrait le lui dire de dos. Il comprendrait.

Henri mon amour, je ne t'ai pas aidé dans le procès. C'est vrai. Je vais te dire pourquoi. Avant le jugement, pendant les six mois que tu as passés en prison, j'avais beau me rai-

sonner, je me disais que Guillemette était morte exprès, pour te faire plaisir. Et j'en étais exaspérée. Quand j'ai entendu le président, la séparation qu'il annonçait m'a réveillée. J'ai oublié Guillemette et depuis, je ne suis pas fière de moi.

Ce matin, j'ai mis ma tête dans un bas, jusqu'au talon, comme tu faisais. Je me suis regardée. Pourquoi aimais-tu me défigurer ? A qui, à quoi voulais-tu que je ressemble ? A une pierre ? A un bois ? Je vais te faire un aveu. Je suis restée une dizaine de minutes devant la glace, avec mon bas. Il s'est passé quelque chose : j'ai cessé de me trouver laide.

MARTHE.

P.S. Dans huit jours, je n'aurai plus d'argent du tout. Ça ne m'inquiète pas trop.

Marthe pense qu'elle devrait faire comme autrefois : quand elle disait bonjour aux amis de son père, elle collait son ventre au leur. Des années passées, ils demandaient encore de ses nouvelles.

Daniel a pris une heure d'avance, ce matin. Il veut en avoir le cœur net. Au terminus, il verra bien. Les places chaudes sont occupées par deux filles, plutôt jolies, qui parlent géographie. Elles sont bien habillées. L'une d'elles a les genoux couronnés. Dernier arrêt. Tout le monde descend. Elles se précipitent. Daniel les voit longer l'autobus et suivre Léon qui, d'un pas rapide, longe les palissades. Léon a une trentaine d'années, les cheveux en brosse. Une sorte de *Marine*. Ici, il manque plusieurs planches. Il suffit d'écarter une affiche pour entrer dans le chantier. Léon passe. Les deux filles le suivent. Daniel hésite. Une troisième terminale, plus belle, le double, entre à son tour puis se retourne.

— Tu es un flic ?

— Non.

— Alors, fiche-lui la paix.

Disparaît. C'était Isabelle, mais Daniel ne la connaît pas. Il reprend sa marche, le rouge aux joues. Il se rappelle une belle poitrine qui portait un scarabée en sautoir. Il avait arraché le bijou, pour lui faire comprendre qu'il l'aimait. On l'avait giflé. Il avait quinze ans, mais il a toujours quinze ans. Si Jeanine n'était pas tombée devant lui, si elle n'avait pas pris son talon dans la grille de l'arbre, il ne l'aurait pas touchée.

Parler lui avait toujours paru impraticable, comme pont. Et Léon, lui, sans un mot. Seulement la réputation. Daniel fait demi-tour. Il voit Léon sortir du chantier. Il lit son journal en marchant. Loin devant lui, les demoiselles courent. Daniel soulève l'affiche, entre dans le chantier. A la porte d'une demi-cabane, assise sur un morceau de ferraille, Isabelle allume une cigarette, tout en tapotant sa jupe de la main gauche. Elle regarde Daniel venir vers elle. Il s'arrête, Isabelle se lève, s'en va.

– Il est beau, dit-elle, si vous voulez le savoir.

Quand Daniel arrive à la pharmacie, Laurence est là. Elle a déjà cassé un flacon. Accroupie, elle ramasse le verre. Sa blouse est toute tendue.

Suzanne est une personne posée mais quand elle a vu la Tête sur son clavier, Me Glcizc a cru qu'il ne pourrait pas la calmer. C'était stupide, puisqu'il est en prison, mais quand on est hors de soi, on ne fait pas attention. Suzanne a cru qu'Henri lui-même était venu la remettre là. C'est ce que son cri voulait dire. Elle n'a pas pensé à la femme de ménage. Un cri tout à fait rauque qui a effrayé Me Gleize. Où est-elle allée chercher cette voix ? Ce n'est pas la sienne. Ou alors, elle trompe son monde. Me Gleize en tremble encore. C'est ce cri qu'il faut éloigner, maintenant, autant que la Tête.

– Vous m'avez fait peur, Suzanne.

– Excusez-moi, monsieur.

– Vous ne vous êtes pas entendue ?

– Je n'ai pas fait attention.

– Ça vous arrive souvent de pousser des cris pareils ?

La question la pétrifie. Que répondre ?

– Certainement pas, monsieur.

Dit sur un ton si pauvre, si honteux, que Me Gleize rougit. « Après tout, ça ne me regarde pas. » Mais, d'instinct, il lui parle plus bas.

– Laissez-moi faire.

Il prend la Tête. Suzanne souffle sur son clavier.

– Trouvez-moi un carton de cette taille-là.

– Nous n'en avons pas ici.

– Je m'en doute. Allez m'en chercher un, où vous voudrez, qu'on en finisse.

Avoir mis Me Gleize dans cet état. Suzanne est déçue, se donne un coup de peigne, passe un chiffon sur le clavier. Un carton ? Pourquoi pas une bouche d'égout ? Pourquoi pas la Seine ? Elle sort. Un carton. Revient prendre son sac. Elle le paiera, le carton.

Me Gleize cherchait dans l'annuaire l'adresse du musée des Arts Maléfiques. Il vient de la trouver. Il la note puis se lève, brusquement. Ou plutôt : il croit qu'il se lève brusquement, mais il reste assis. C'est qu'il vient de faire une découverte, par le biais du nom de la rue : Suzanne n'est pas la seule coupable dans cette affaire. Si son cri rauque l'a fait rugir intérieurement, c'est qu'il l'a déjà entendu, lui, Gleize, et qu'il n'est pas sûr d'y avoir répondu comme il faut, comme il eût fallu. Tu parles ! Une femme se débattait dans un taxi. Elle voulait sortir, sortir. Son type la maintenait par les poignets. Elle donnait des coups de pied. Et elle s'est mise à crier comme Suzanne. C'était au coin de l'avenue Bosquet et de la rue de l'Université. J'étais avec l'ami Antoine. Nous ne nous sommes pas approchés. La force et la violence de la scène nous terrifiait. Le chauffeur du taxi restait assis.

La porte de la voiture s'ouvrait, battait, se fermait. Enfin, le taxi a démarré mais le cri n'a pas cessé. Pour notre défense : il ne s'adressait pas à nous mais à l'homme qui la maintenait. Il n'était pas appel aux passants, au secours. Enfin, c'est comme ça que j'avais arrangé les choses. C'est pourquoi Suzanne m'a dérangé : un cri s'adresse au monde entier, toujours. Et je ne me fais pas d'illusion : si j'ai consenti à me rappeler ce cri-là, c'est qu'il en cache d'autres, plus personnels, plus intimes. Pires.

— Vous prendrez bien un peu de glace avec nous ?

Suzanne déballe la praliné-framboise. Une quatre-quarts. C'est un peu grand pour trois mais quand on achète un cigare pour son étui, il ne faut pas se plaindre s'il est trop long. Me Gleize prend le carton thermos, y fait entrer la Tête, doucement. Parfait. Voici la Tête enterrée. On portera tout à l'heure le cercueil à la poste. Il restera de la glace, jusqu'au soir. Indéfiniment. Malgré Cécile, la petite vendeuse, priée d'y goûter. Elle en a peu mangé, étant toujours sans nouvelles. Sans rose, surtout. Suzanne n'a pas osé inviter Marthe. La femme de ménage la finira.

Journaux du soir (ou : soliloques avant sommeil).

SUZANNE. – Cette glace était excellente.

JEANINE. – Comment en arriver là? Une bouche met vingt ans à se détruire. Pendant vingt ans, ils ont dormi. Maintenant, c'est le désespoir. La mort, déjà commencée. Je ne supporterai pas ça longtemps. Que veut Daniel, avec son masque? Pressentiment.

CÉCILE. – Mon gâteau était aussi bon que sa glace.

HENRI JULIEN. – Première lettre reçue. Plaisir.

Me GLEIZE. – Impression d'erreur : pourquoi avoir été si baveux en direction de ce Julien? C'est bon, la vanille.

MARTHE. – Trouver un remplacement. N'importe.

ISABELLE. – Des papes se sont appelés Léon. Se renseigner. Le nôtre est infaillible! Une petite a voulu venir avec nous. Il l'a renvoyée. Moyen Age : Thérèse. Sa mère lui a fauché ses pilules, à cause de ses notes.

LA VIEILLE DAME. – Il n'est pas venu aujourd'hui.

DANIEL. – Léon, Laurence. Les voir ensemble. Dans la pharmacie, fermée.

Demain, c'est dimanche. Repos ? Suspension. Ce qui s'est tramé pendant la semaine se détend. Le dimanche, comme la femme de ménage, ne jette pas ce qui est bon : devenue liquide, puis sirop, la glace couleur grenat finit lentement de s'écouler. Le bureau doit être en pente. Après l'avoir entièrement traversé, la glace, goutte à goutte, tombe sur le coussin fleuri qui recouvre la chaise de Suzanne.

– Suzanne, je vous en prie, commandez un bureau neuf et ne faites plus cette tête-là !

Oh ! pardon. Décidément, nous allons devenir gâteux.

Suzanne éclate :

– Je ne suis pas heureuse ici !

– Ça se chante, ça, Suzanne.

Suzanne va s'enfermer dans les cabinets. Ça se chante, mais c'est vrai. Il faut être juste, elle n'y pense pas souvent, elle n'en parle jamais : c'est ici qu'elle a connu son mari. Un bon client, un beau parti. Des laveries, un garage, une galerie de tableaux. En réalité : rien du tout, il cherchait une chambre. Pour y loger son chauffeur, une petite négresse. Il a voulu l'amener à la maison. Trois mois de bagarre, trois mois de folie. A se barricader. Me Gleize aurait pu s'en douter : il n'avait pas touché un sou. Pas la plus petite provision.

Pas question de garder l'enfant. Me Gleize avait été généreux. L'avait aidée à divorcer. Depuis, elle était gaie, mais tout de même, dire « ça se chante », c'est un peu trop. La liberté est une bonne chose, mais vivre seule n'est pas à la portée de tout le monde. On ne sait jamais où regarder, au restaurant. Les yeux cherchent les yeux. Il faut se retenir. Sauf pour pleurer. Ça, on peut. Oui. J'arrive.

Louis Robert est l'un des conservateurs du musée des Arts Maléfiques. Il examine la Tête. Il lit la lettre de Me Gleize qui accompagnait l'envoi. *Si cet objet vous semble dénué d'intérêt scientifique, ayez la bonté de le détruire. Surtout — de grâce ! — ne le retournez pas à mon adresse.* Louis contemple à nouveau la Tête et lui sourit : enchanté de vous conserver. Sous ce soleil du matin, la Tête paraît douce. La couleur des chiffons qui la composent – comme d'agréables grumeaux – irisée par le bas qui les retient. Les deux clous qui figurent les yeux, trop écartés l'un de l'autre, brillent exagérément. Il faut leur faire un peu d'ombre pour apercevoir les petites croix gravées sur leur tête. La langue est un tissu granuleux. La blessure rouge, au front, illumine l'ensemble.

– Une belle œuvre, dit Louis.

Mais pour la photographier, son assistante met des gants : elle refuse de toucher la Tête avec ses mains. Elle en a vu d'autres, pourtant. Certes, mais il y a là-dedans, dit-elle, quelque chose de sale. Une immédiateté, dit-elle. Louis Robert rit. Comme s'il avalait un grelot. Il assiste à la séance de photographie, règle les lumières, excité. Maintenant, il rédige la notice : *Tête en forme de tête. Hauteur : 12 cm. Largeur : 8,5 cm. Poids : 300 g. Matière : chiffons compressés maintenus par un bas en nylon. Langue : tissu dit gros-grain. Yeux : clous de charpentier. Blessure : piment ? Remarque :*

devrait être plus légère. Un examen décélera sans doute, à l'intérieur de l'objet, la présence d'une certaine quantité de métal. Auteur : anonyme.

Louis Robert relit la notice et grelotte – intérieurement – de rire : « anonyme » ! Louis Robert n'a pas voulu écrire : *Henri Julien.* La parenté de leur nom lui fait-elle peur ou plaisir ? Ou bien serait-ce l'envie d'être anonyme ? Louis Robert a la manie des lapsus, comme d'autres des calembours. Sur une grande feuille de papier blanc, il essaie quelques signatures : *Louis-Henri Julien, Henri-Louis Julien, Louis-Louis Julien, Robert-Louis Julien.* Et pour finir, avant d'aller prendre un café : *Louis Robert.* Louis Robert. C'est clair. Comment je m'appelle ? Attendez : Louis Robert. Prénom : Louis. Nom : Robert. Louis Nonrobert. Grelot. Maintenant, Louis écrit à Henri Julien : il voudrait savoir le rapport qu'il y a entre la Tête et les faits du procès.

– Déjà un mois de passé, dit la vieille dame. Un mois que je vous ai fait signe et que vous êtes monté. Un mois, jour pour jour. Si, si. Et c'est la douzième fois que nous prenons le café ensemble. Tenez. Regardez. Je les ai retrouvés : tous annamites. C'est mon mari qui les avait réunis. Pour moi, c'est du latin ! Voyez ces grands anneaux. Ils sont d'une finesse ! C'est du poil de tigre, je crois. Si, si, j'en suis sûre, tenez, c'est écrit là : objets érotiques. Si ça vous amuse, vous pouvez les emporter. Que voulez-vous que j'en fasse ? Je ne vais pas les exposer. Oh ! mon neveu, rien ne l'intéresse. Un musée, oui, c'est une idée, mais pas le Louvre, tout de même. Oh ! ils sont aussi bien ici. Dites-moi, la jeune personne qui travaille avec vous, à la pharmacie ? Elle n'est pas de votre famille ? Oui, oui, elle est tout à fait ravissante. Et votre femme, que vous deviez m'amener ? Elle doit me prendre pour une vieille folle. Que fait-elle, déjà ? Ah ! oui, des dentiers. Oh ! pardon. Autrefois, on appelait ça comme ça. Aujourd'hui tous les noms ont changé. On est devenu poli avec les choses. Avec les gens ? Oh ! ça dépend. Autrefois, les concierges étaient de vieilles taupes. Maintenant qu'on les appelle des gardiennes, elles sont toutes fraîches et pimpantes. Ici nous avons une petite Portugaise qui est douce comme un ange. Elle me fait ma soupe.

Où habitez-vous donc ? Rue Parmentier ? J'avais une amie, dans ce quartier-là. C'est elle qui venait me voir. Moi, avant d'être ici, j'ai habité rue de Vaugirard. Je n'y suis pas retournée depuis la guerre.

– Elle est à sens unique, maintenant.

– Non ?

Le téléphone. Elle le décroche, tout en parlant.

– Eh bien non, justement, je ne suis pas toute seule ! Ça t'étonne, hein ? Ah ! c'est un mystère, mon petit. Non, tu ne peux pas deviner. Si tu viens me voir, je te dirai. Peut-être.

» C'était mon neveu. Ça ne le regarde pas, qui vous êtes.

C'est pour moi, cette tisane ? demande Jeanine. Daniel, d'un seul regard, comme au théâtre lorsque le rideau se lève, voit rangés côte à côte sur la scène les anneaux poilus, la conversation, Laurence, le neveu au téléphone et la tisane préparée pour la vieille amie et oubliée dans la poche gauche de l'imperméable.

– Pourquoi pas ? dit-il, incapable de laisser passer la vérité pourtant si simple, si simple.

Il a trop attendu. Depuis l'essai de l'autre jour, il n'a plus parlé de la vieille dame. Elle est devenue secrète. Elle appartient désormais à l'autre vie, à la récré. Trop tard, engloutie. Dommage. Il ne demandait qu'à la partager. Mais Jeanine n'y tenait pas, a laissé sa part.

— J'avais découpé un article l'autre jour, sur le type qui a étranglé la sœur de sa femme. C'est toi qui l'as pris ? demande Jeanine.

— Je croyais, dit Daniel, que c'était moi qui l'avais découpé ; je l'ai jeté? Ça t'intéressait ?

— Oui.

Daniel n'en croit pas ses yeux. Des amis arrivent, Claude et Claudine, assez intimes pour savoir ce qu'on va manger et autour de quoi la parole va tourner. C'est d'abord un accident, vu dimanche dernier. Deux camions l'un dans l'autre et à leur gauche une voiture complètement aplatie, les roues en l'air, écrasée. Aucun cri n'en sortait. On pouvait presque la croire inhabitée, malgré le ballon et le petit bateau à voile collés à la lunette arrière. Les ambulances étaient déjà là. L'un des camionneurs réglait la circulation, en saignant un peu.

— Moi, je n'oublierai jamais le brouillard de la Toussaint, dit Jeanine d'une voix changée, un peu basse, en parlant devant elle, sans regarder personne. Nous venions de dîner chez des amis, à la campagne. Je n'ai jamais eu aussi peur. On roulait à l'aveuglette. A un certain moment, je me suis crue au milieu de la route, alors j'ai rabattu la voiture sur la droite. (Jeanine regarde toujours devant elle, hausse le ton.) Et j'ai aperçu, sur la droite, une barre métallique qui n'en finissait pas. J'étais contente, je l'ai longée pendant une minute environ. Puis j'ai senti mes tripes se vider: je venais de comprendre: la barre était une traverse, j'étais sur l'autoroute et du mauvais côté. C'était avant Pierrefitte. Il y a un morceau d'autoroute, brusquement. Je n'avais pas vu le commencement de la traverse, avec le brouillard. Le moment où elle commence. J'étais donc du mauvais côté, avec des voitures en face de moi, probablement, qui allaient venir nous casser. Et je ne pouvais pas aller à droite. Un rêve.

– Tu as fait demi-tour ?

Jeanine retient sa réponse puis dit :

– Daniel n'a pas voulu, m'en a empêchée. Nous n'avions pas de lampe électrique, il avait peur qu'on nous percute pendant la manœuvre. Quatre kilomètres, j'ai conduit comme ça, la mort dans la main. On a croisé deux types qui nous ont évités. Heureusement, il était trois heures du matin. Mais quelle trouille ! Je ne sais pas pourquoi je t'ai obéi.

Henri, j'attends une lettre de toi, même si tu es fâché.

MARTHE.

Jeanine cherche un mot : la semaine où il paraît, on *achète* un hebdomadaire ; mais comment dit-on déjà quand on voudrait ne pas avoir jeté un numéro vieux de cinq ou six semaines ? Ah ! oui, c'est cela : on désire se le *procurer*.

– Monsieur Berson, dit-elle, pourriez-vous me procurer toute la presse d'il y a cinq semaines environ concernant l'affaire Henri Julien ?

M. Berson promet. Son cœur bat un peu plus fort quand Jeanine entre dans sa boutique. Celui de Mme Berson est franchement régulier. Entre les deux, Pilou s'agite et fait la fête. C'est un épagneul breton.

Cher Monsieur, le rapport entre la Tête et les faits du procès existe certainement, mais je ne le connais pas. Ce que je sais est court : subir l'éloquence de Me Gleize, c'était poser son pied sur un crachat. Ma Tête est une réplique : si j'étais un bon sorcier, elle forcerait son destinataire à commettre un acte répugnant ou, plus simplement, ridicule. N'ayant pas ce privilège, j'ai dû inventer un objet assez laid, assez fort pour que son destinataire fasse lui-même le travail contre lui-même. Si j'ai donné à cet objet l'allure défigurée d'un visage, c'est qu'un visage exprime la laideur du corps tout entier — plus le mécontentement. Une paire de fesses horribles n'a jamais l'air fâchée. Vous le voyez : nous sommes loin des faits du procès. Posez-moi des questions.

HENRI JULIEN.

L'une des places chaudes de l'autobus est occupée par une fillette. Elle a treize ans, en paraît dix. Elle pleure. Au volant, Léon conduit sec. Il n'a pas l'air content. Dans le magasin de chaussures, un monsieur entre et s'assied. Lorsqu'elle l'aperçoit, Cécile se cache mais sa patronne, occupée, l'appelle à son devoir. Toute rouge, les yeux bien ouverts, Cécile demande au client ce qu'il désire. On devine sa réponse :

– Je n'ai pas pu venir.

– Quelle pointure ? répond Cécile.

– Tu m'en veux ?

Cécile va chercher des souliers, revient, s'agenouille, attend qu'il dénoue ses lacets.

– On peut dîner ensemble ?

– Fichez-moi la paix.

Les chaussures sont les plus chères et beaucoup trop grandes.

– Tu n'en as pas d'autres ?

Cécile secoue la tête et annonce fièrement :

– Huit cent vingt francs pour Monsieur.

La vieille dame referme avec soin une petite boîte en carton de couleur orange et commence à peler une pomme qu'elle va manger ce soir.

C'est malheureux, pense Jeanine, un si beau type. Les dents qui lui restent sont si personnelles, si singulières. La tête dans le pare-brise, encore un accident! Je vais lui rendre une bouche belle comme une arène! Avec lui, je serais capable de perdre toutes mes défenses. Ce n'est pas à lui que je me donnerais, c'est à moi. Je ne peux pas faire de moi ce que je voudrais: qu'il le fasse à ma place. Tout ce que tu voudras, tout ce que je voudrais. Je m'entends dire: si Daniel me voyait. Mais je ne le dirai pas. Rien n'arrivera. Pourtant, j'ai besoin d'être désarmée. Mes armes, Daniel croit que j'y tiens. Il les astique. Je le vois tourner en rond avec son masque et sa tisane. Il n'ose rien. La tête de la fille, l'autre jour, quand je suis entrée dans la pharmacie. C'est la première fois qu'elle me voyait: stupéfaite. Qu'imaginait-elle? Une génisse? Une matrone? L'image qu'il donne de moi m'exaspère. Je veux déménager, j'en ai assez du mont Blanc, de Roscoff, j'en ai assez d'être constamment au volant, dans le brouillard, sur le mauvais côté.

Dans l'abri-bus, Suzanne et Daniel se racontent des histoires de nègres. Marthe prend un bain. Louis Robert l'attend.

Marthe se sent très libre ce soir. Elle va demander à Louis Robert un petit travail. Elle n'est pas bête. Si elle a parlé si sottement jusqu'ici, c'est par goût, par habitude. Elle a des diplômes variés. Nue, elle s'allonge sur le tapis, elle écoute ce que lui disait Henri. Elle se caresse pour lui, bave tendrement. Se relève, se regarde dans sa glace préférée, se fait exprès un sourcil plus haut que l'autre, crayonne d'orangé ses paupières, laisse ses lèvres pâles, se parfume en récitant son corps tel qu'Henri le décrivait, par lieux-dits. Le pubis : le pèlerin, le cinglé, le pas de la mule. L'anus : l'onglée, l'escalier, la loge, le terrier. Le cœur : la bête. Le talon : le caillé. La cheville : la finette, la vis. Le sexe : la rosace. Marthe arrête son geste, comme on lève le bras du pick-up, continue, lèvres fermées : le grenier, la plate-forme, les cailloux, les oursins, la fouine, l'étang, la petite fée, la promeneuse, la vue, l'autre, le fou, la chaufferette et dit : le pays. Le Pays, c'était le visage tout entier.

Marthe ouvre la bouche. Marthe se rappelle maintenant une promenade en barque avec un jeune homme qui voulait lui photographier les genoux. C'était il y a quinze ans. Elle était en noir. Il lui plaisait mais il avait un désir si interminable de la toucher qu'elle avait refusé le moindre mal. Malgré sa jeunesse, il lui avait fait penser à cet aveugle qui, la rue traversée, ne voulait pas quitter sa main.

Marthe, ce soir, choisit un tailleur noir, en gros-grain – comme la petite fée de la Tête – qu'elle n'a jamais vue.

C'est Mme Louis Robert qui accueille Marthe.

– Je suis la maman de Louis, il est parti chercher des fleurs.

– Ce n'était pas la peine.

– C'est à côté.

– Il est si gentil, si prévenant, si naturel.

– Vous avez une voilette ravissante, mademoiselle – ou madame ?

– Madame. C'est une voilette que ma grand-mère m'a donnée.

– Méfiez-vous, c'est très joli, les croix en

or, mais il arrive qu'on en meure. Ma petite nièce s'était mise à la fenêtre pour mieux voir l'orage. Elle portait une croix en or, tout à fait comme la vôtre, la foudre l'a tuée net.

Marthe regarde les murs. Il y a des pommeaux de canne partout. Des pommeaux grimaçants, aux yeux vert démon, qui n'attirent pas la foudre, sans doute. Quelle charmante maison.

– Cela va faire cinquante ans que je suis ici. Sans mon fils, je n'y serais plus ; vous devriez avoir un fils. Vraiment, je ne me plains pas du mien. Il a été marié, vous savez, mais il a préféré revenir ici : il est plus tranquille pour travailler. Je m'occupe de tout. Qu'y a-t-il, Maria ?

– Je ne peux pas le dire devant Mademoiselle.

Maria vient du Gers, c'est certain. Cinquante ans de vie parisienne ont renforcé son accent.

– Dites, Maria, dites. Madame est une amie de Louis. Dites.

– On m'a encore volé mon soutien-gorge.

– Voyons, Maria, qui aurait pu prendre votre soutien-gorge ?

– Madame doit le savoir.

— Écoutez, Maria, nous verrons ça demain. Prenez l'un des miens et tout sera dit.

— Madame sait bien que je n'aime pas me trouver dans les affaires de Madame.

— Ça suffit, Maria, dit Louis. Donnez-nous de la glace. Elle est très serviable, mais elle rêve un peu. Et apportez-nous un grand vase avec de l'eau.

La mère se lève, laisse tomber son face-à-main, à défaut du vase qui n'est pas encore là, s'en va sans dire un mot. Le silence l'accompagne jusqu'à la porte. Elle se retourne, fait un sourire, dit : « C'est bien naturel » et sort.

Maria va servir le dîner. Les assiettes vont faire du bruit entre ses mains. Le pain sera jeté sur la table. Le sel sera oublié. Bien après le dessert, Maria entrera pour demander :

— Si Monsieur a encore besoin de moi, je peux rester toute la nuit ?

Pendant le dîner, les mots se seront faufilés au milieu des dangers divers : saucière, encore un peu, saladiers en équilibre, crèmes vraiment renversées.

— Puis-je vous appeler Martha ? Votre croix en or...

– Je connais l'histoire.

– Déjà ?

– Votre mère ne m'aime pas du tout.

– Ne la croyez pas, Martha.

Tour dans le jardin, petit. Promenade vers le cabanon. « Ici, je suis chez moi. » Un piano droit, noir. Pavane. Louis se lève, embrasse Marthe comme s'il l'avait toujours embrassée, la serre contre lui sans incertitude. Louis est si naturel que Marthe n'est pas surprise. Louis va ouvrir une vitrine fermée d'un rideau. La Tête apparaît.

– Ah ! C'est elle.

Marthe sourit, heureuse.

– Pourriez-vous vous déshabiller devant elle ?

Marthe essaie, réussit.

– Demain, venez un peu plus tôt.

Daniel, vers midi, s'entend inviter Laurence à déjeuner. Elle accepte en souriant. Aussitôt Daniel s'embarrasse. Il a promis à sa vieille amie de venir prendre le café. Comment faire pour quitter Laurence à deux heures moins le quart ? Inventer une course ? Emmener Laurence ? Pas question. Prendre deux cafés, successivement ? Boire un thé avec Laurence ? Prétexter un rendez-vous ? Quel guêpier. Mauvaise humeur. Comment ne pas être de mauvaise humeur quand on s'est mis dans un tel guêpier ?

— C'est pour me faire la gueule que vous m'emmenez au restaurant ?

— Je dois vous laisser : ma femme m'attend.

— Il fallait venir avec elle, dit la vieille dame, elle est très jolie, votre Laurence. Est-ce qu'elle n'est pas toute nue, sous sa blouse, toute la journée ?

Journaux du soir et correspondances.

Louis. — La Tête était superbe. Éclairée, éclairante. Une lune. Si j'avais pu voir Martha seule face à la Tête ! Qu'aurait-elle fait ? Quelle dévotion. Il y a entre ses gestes et son corps un accord inattendu, inhumain, inhabituel. Comme si le vent comptait, dans une chambre. Comme si le soleil, en pleine nuit, commandait, gênait, comme si la profondeur de la terre l'attirait. Si j'avais pu voir Martha sans être là ; quelle merveille ! Ma présence m'exaspère. Saura-t-elle l'oublier ?

L'aura-t-elle avec moi, malgré moi, cet accord ?

MARTHE. – Il faut toujours que je tombe sur des types cinglés. Il me plaît, mon chéri. Ils ont une vieille bonne qui te ravirait. Sa mère me déteste déjà. C'est Louis Robert. Cet après-midi, je me suis couchée sur le tapis. Avant de sortir, je me suis récitée.

ISABELLE. – Léon n'a pas voulu prendre la petite avec lui. Cette conne s'est jetée sur moi et m'a griffée. (Jalouse.)

Me GLEIZE. – Aujourd'hui, Prieur. M. Charles était en vacances. Celui qui le remplace ne lui ressemble même pas. Cinquante-cinq litres pour cinq cent trente-cinq kilomètres = onze litres à peine. M'en fous, d'ailleurs. L'affaire Viora s'est mal terminée (vingt ans).

DANIEL. – Non, je ne vous ai pas invitée pour vous faire la gueule. C'est plus compliqué. Ma vie est pourtant simple mais je ne sais pas profiter des portes qui s'ouvrent. Elles claquent toujours avant de me laisser passer. Ce n'est pas avec ma femme que j'avais rendez-vous. Merde.

Merde. Il déchire la lettre. Il recommence. Daniel croit qu'il doit quelque chose à Laurence. Qu'il doit, pour se faire pardonner, entreprendre de grandes actions avec elle. En même temps, il a peur : sa vie est déjà si remplie : comment trouver du temps pour Laurence ? En même temps, il a peur pour lui. Si Laurence l'envoie se promener, que devra-t-il penser de lui ? Ce qu'il en pense déjà : qu'il est un homme chanceux d'avoir séduit Jeanine. Il en est encore étonné. Jeune homme, il avait prévu de faire tapisserie toute sa vie. Jeanine lui avait révélé son charme. Quelle imprudence. Que dirait-on, si on se parlait ?

— Ça recommence, dit Suzanne.

Dépouillant le courrier, elle tombe sur un ektachrome de la Tête qu'en hommage et remerciement Louis Robert a envoyé à Me Gleize. Devenue photographie, la Tête change d'importance. On dirait un objet d'art, capable de figurer dans un catalogue, d'être vendue aux enchères, d'être achetée par conséquent.

Non sans fierté, Me Gleize montre la photographie à Isabelle, avant de la ranger dans le merdier. Il appelle ainsi le classeur où sont internées les lettres anonymes. Me Gleize, par bravade, en lit quelques-unes à haute voix. *Si tous les Chinois pouvaient vous enculer, mon cher Maître.*

– Pourquoi gardes-tu ça ? demande Isabelle.

Impossible de répondre à cette question. Impossible sans ouvrir un autre classeur, imaginaire celui-là, où seraient protégés les secrets concernant le qui je suis. Mais ce classeur-là est toujours vide, constamment mis à jour, évacué. Malgré quelques tentatives. Me Gleize n'est pas moins curieux qu'un autre mais il a peur qu'un jour on invente une machine, une sorte de télévision où l'on se verrait vraiment, pulsions comprises. Une image doit être belle. Le risque serait grand.

– Tu me prêtes ton merdier ?

Comment refuser ? Isabelle lit, tousse, respire. Elle ne sait pas ce qui est insupportable : qu'on injurie son père aussi salement ou qu'il conserve ces saloperies. Comme s'il avait besoin d'avoir un dossier contre lui.

– Ça rabat le caquet, dit Me Gleize, pour en finir.

Suzanne devrait être à Londres aujourd'hui, avec Igor. Elle lui a envoyé un télégramme : *Livraison impossible.* Signé MIFERMA. Igor étant un industriel marié, Suzanne doit passer par le code. MIFERMA, c'est elle. Igor a téléphoné, contrarié, surpris. Il avait les billets dans sa poche, et les réservations. Suzanne ne lui a pas donné le pourquoi. Il n'aurait pas compris, aurait offert un tailleur, une bague ou un peignoir, selon. Il y a un mois, Igor est venu à Paris. Il voulait s'acheter une paire de chaussures aux Champs-Élysées, chez Weston. Suzanne l'a conduit, de force, chez Cécile, pour faire plaisir à la petite. Le mufle. Si vous aviez vu l'air dégoûté d'Igor. Dégoûtant, écœurant, comme la Tête. Une mimique parfois suffit, révèle. On serait une savate, si on ne baisait plus. Adieu ! Votre savate vous dit zut. Pour se féliciter Suzanne s'est offert un week-end à la campagne, seule. Elle vient de voir se poser un oiseau dans le jardin. Il a le ventre jaune, il est beau. Rien ne l'avait intéressée autant, depuis longtemps. Elle jubile.

Posé sur la couverture de mohair noir, le corps de Marthe brille.

– Ce qu'on croit qu'on ne pourra plus

dire demain, il faut en parler aujourd'hui, dit Louis. Quand j'ai demandé ton adresse à Me Gleize, ce n'était pas par envie de te connaître : je voulais seulement t'entendre parler du petit monde auquel la Tête appartient. Je me disais : l'homme qui a fait cette tête ne peut pas être entièrement mauvais. L'envie de vivre, comme bon semble, la colère, la passion. Elle les exprime avec justesse, sans exagération. Ceux qu'elle dégoûte vivent au-dessous de leurs moyens : leurs chemises ne s'entendent plus avec leur cul.

» J'ai lu le compte rendu du procès. Tout le monde a un problème avec soi et un problème avec les autres. Il ne suffit pas de se coucher pour le résoudre. Henri n'a pas voulu s'expliquer. Ce n'était pas le lieu. Je ne lui reproche rien. Son théâtre érotique ne m'est pas familier. Chacun a le sien, mis en scène ou latent. Tout étranger que je sois à vos jeux, je pense qu'il y a dans votre affaire un passage qui me concerne. Je le cherche. J'attends que tu m'éclaires.

– Je ne vois pas ce qui te distingue d'Henri. Nous sommes deux, c'est vrai. Mais, souvent, ce n'est pas à moi que tu parles.

— Parler à quelqu'un d'autre, quand on est deux, Martha, c'est s'absenter.

— Laisse-moi dormir.

— Maria prétend qu'il y a des années que tu viens me voir en secret.

— Ta mère la croit ?

— Dites, dit la vieille dame, alors ça y est ? Votre conducteur d'autobus a été pris la main dans le sac ? Flagrant délit ! Ils en ont parlé à la radio, sur la chaîne nationale. Pauvres parents. Je ne voudrais pas être à leur place. Que peuvent-ils dire pour se défendre ? C'est une petite qui l'aurait fait prendre ? Violée ? D'après ce que vous m'en avez dit, ce n'est pas le genre de Léon. C'est si menteur, les enfants.

(Le téléphone sonne.)

— Je ne réponds pas. Il m'embête. Avez-vous vu ma fougère ? Parlez-moi de Laurence, un peu. Qu'avez-vous mangé ? Et comme dessert ? Tenez, j'ai retrouvé cette bague, prenez-la ; mais si, prenez, donnez-la-leur ! Dites, le nouveau conducteur, vous me direz comment il est fait ?

Dit sur un ton d'action de grâce, « la chemise de l'archiduchesse est sèche, archisèche » a fait sourire Jeanine. Son beau blessé a retrouvé l'usage de l'*s*. Mais son plus grand bonheur est d'avoir, à nouveau intacte, la petite faille qui séparait les deux dents du milieu. Il craignait d'avoir perdu cette petite colonne d'espace que sa mère aimait tant. Il n'avait pas osé en demander une autre. Jeanine l'avait compris. Il est entré dans le cabinet, une fleur aux lèvres : la queue de l'anémone traversait la petite faille. Pourtant Jeanine a senti ses vœux de l'autre jour tourner et s'enfoncer en elle jusqu'à devenir secrets : il avait à son bras une femme vraiment trop belle.

– Voici, maître, ce que j'ai reçu ce matin.

Me Gleize tâche de se contenir. Il dit :

– Qu'est-ce que c'est ? Qu'est-ce que c'est ? Qu'est-ce que c'est ?

La question se pose en effet car ce que Me Gleize tient entre ses mains est, en noir et blanc, une reproduction de la Tête, balafrée par cette phrase : *Laissez Léon*

Tranquille. Me Gleize a retrouvé la parole. Il dit :

– Oui ?

– Eh bien, voilà, ayant appris que votre fille était une élève du lycée, nous avons pensé que vous pourriez représenter l'ensemble des parents lésés. Acceptez-vous d'être partie civile ? Ce voyou mérite bien d'être cinglé par votre talent. Notre indignation et notre colère doivent retomber sur les deux institutions coupables : l'Éducation nationale et la R.A.T.P. Cette dernière assumera les dommages et intérêts. Je suis le père de la fillette. Marie-Thérèse, treize ans, un ange.

Cet homme sent l'éther, constate Me Gleize.

– Je suis de tout cœur avec vous, monsieur. Toutefois, avant de vous donner ma réponse, je dois éclaircir un point qui m'est obscur. Puis-je vous demander l'effet qu'a produit sur vous cette photographie ?

– Nul. Je pense que l'auteur de cette ordure a voulu représenter l'avant d'un autobus. Il est en effet regrettable, dit sévèrement le père de la fillette en regardant les murs, que l'enseignement du dessin soit tombé aussi bas. Quand nous donnez-vous votre réponse ? Nous sommes vingt-sept à vous attendre. Vingt-sept pères et vingt-sept mères.

— Oui, c'est moi, dit Isabelle. En couleur, c'était trop cher. Surtout 27. Oui, j'ai fait l'amour avec lui. Ça ne m'a pas empêchée d'être reçue. La petite est une salope. Non, il ne l'a pas touchée. Elle me l'a dit. Son père est un faux-cul. C'est toi qui vas défendre Léon.

— Sinon ?

— Je l'épouse. Donne-moi cinquante francs, s'il te plaît.

Interrompus, les succès de Léon suggèrent à Daniel un retour au passé. Il pense à la verrue que M. Breton lui avait achetée. M. Breton prenait une pièce de cinq francs dans son porte-monnaie, l'appuyait sur la verrue. On partait avec la pièce et deux jours plus tard, la verrue s'en allait. Daniel avait huit ans, cette année-là. Il disait : quand je serai grand, je ferai guérisseur. Son père toussait mais sa mère hochait la tête : elle croyait à ces choses-là, aux baumes, aux gestes. Daniel imagine : il n'est pas impossible que j'aie un don. Quel bond ce serait. Quelle différence entre moi. Lorsqu'il touche une portière, Daniel tressaille souvent : il est plus sensible à l'électricité latente que la plupart des gens. C'est peut-être un signe. Guérisseur ? Il devrait essayer. Sur Jeanine, il n'ose pas. Sur Suzanne ? Sur soi, c'est difficile.

Les yeux à terre, Daniel entre dans la pharmacie par la porte privée. L'arrière-boutique sent le goudron, l'iode, le sombre. Il dit bonjour et tend la main sans lever les yeux. Mais la main, d'elle-même, s'arrête, se fige : sa paume donne sur la hanche de Laurence, à peine deux doigts l'en séparent. Tremblement. Daniel, immobile, attend ; mais le rire de Laurence n'arrive pas. Alors ? se dit-il. Et il place sa main gauche à la hauteur de la droite, de l'autre côté de Laurence. La droite longe le corps, vers le haut. La gauche suit, plus lourde. Les deux mains se rejoignent presque, derrière le dos de Laurence. Personne ne touche personne.

– Vous me faites du bien, dit Laurence d'une voix neuve.

– Je ne sais pas. C'est la première fois.

Ce qui étonne Daniel, surtout, c'est

d'avoir les bras aussi longs. Les mains tremblent davantage, chevrotent ; elles montent vers la nuque, redescendent, plus aiguës. Laurence vacille, s'appuie contre le mur. Les mains sont prises. Quelqu'un entre. Ce sera pour plus tard.

« Léon, se dit-il, est vraiment le plus fort. »

Daniel pense qu'un jour, peut-être, il y aura un impôt sur les mains. Au catéchisme, il y en avait un, quand on se confessait.

Sous l'abri-bus, la conversation est générale et Suzanne la dirige. Elle a laissé passer deux autobus. Elle ne sait pas qu'Isabelle a fait entrer la Tête dans cette affaire. Elle défend Léon comme un frère. Sans se lasser, elle répète son témoignage, militante. Elle a vu les yeux de chatte des minettes assises aux places chaudes. « Des yeux de chatte foirant dans la braise, exactement. » Le nouveau conducteur est si laid, si brutal que, demain, elle prendra sa voiture. Après tout. Daniel s'étonne, la calme. Comble de malchance, dit-elle, j'ai des amies qui viennent boire l'apéritif. Venez donc. Sur la plate-forme, Daniel se met en position de guérisseur. Il ébauche ses gestes. Suzanne croit qu'il va tomber, le rattrape. Daniel rougit. Les amies sont là, sur le palier. Suzanne les aperçoit, penchées sur la rampe. Heureusement, les amandes et les petits gâteaux salés sont déjà au fond de leur bol. Il ne manque que la glace. Marthe et Cécile ont fait connaissance : elles occupent le canapé. Invitée en voisine, la voisine se fait discrète. Daniel, croyant l'intimider, lui parle sur un ton rassurant, tout en regardant Marthe qui l'ignore tout à fait. Daniel sait qui est Marthe et qu'elle a voyagé dans des pays lointains où le plaisir peut être mortel.

Cécile l'intrigue : il a le sentiment de la connaître : il oublie qu'il l'a croisée dans la rue plusieurs fois. Daniel tousse, Marthe le découvre : ils rient tous les deux. Cécile se lève, s'approche d'une photographie piquée au mur. C'est Suzanne, au soleil, avec Igor. Cécile fait la moue. Suzanne déchire la photo, rougit. Daniel s'est assis à côté de Marthe sur le canapé. Marthe fait tomber quelques gouttes de Martini sur la manche de Daniel. Il faut mettre de l'eau tout de suite. La salle de bains est gaie. Toute bleue. Ça doit être agréable de vivre ici. Daniel voudrait s'en aller, maintenant. La voisine le lui reproche, discrètement. Marthe s'y oppose. Fier d'être retenu, Daniel, entre deux compliments, glisse son histoire de verrue. Marthe regarde en l'air. Suzanne se glace : elle est laïque. Seule, la voisine écoute, vraiment avide. La tache s'est agrandie. Daniel gesticule, pour la faire sécher plus vite.

Il explique : c'est arrivé à lui, c'est sa verrue qui est partie. Il a même conservé la pièce de cinq francs. Il la montre : c'est son porte-clef. Marthe sourit, elle aime bien toucher les clefs.

– Une verrue, dit-elle, qu'est-ce que c'est ?

Définition difficile. Où est le Petit Larousse ? C'est une édition très ancienne. La verrue décrite, Daniel remonte l'alphabet, s'apprêtant à faire un effet. Il cherche carré,e, adjectif. Il a eu le même dictionnaire, la même édition. Il sait ce qu'il va trouver au mot carré, adjectif. L'illustration est un petit bonnet carré, tout gentil, mais l'exemple, lisez-le vous-même : *partie carrée, partie de plaisir entre deux couples.* Dans un dictionnaire pour enfants. Marthe serre son visage, la voisine pousse un petit cri, Suzanne vérifie en silence.

– On voit bien que ce sont des hommes, dit-elle, qui écrivent le Larousse. Maintenant, on va parler de Léon. La tache est presque sèche.

Puisque Martha paraît heureuse avec vous, le soir, j'aurais mauvaise grâce à vous refuser mon soliloque, écrit Henri.

Je connais mal mon histoire. J'ai trop souvent joué à brouiller mes cartes, à mettre hier avant aujourd'hui. Quant à l'enfance, c'est un régal : il m'en reste à peine cinq images et deux ou trois cauchemars. Et bizarrement je me vois *comme si pour me souvenir je m'étais photographié. Je me vois ayant peur, je me vois me réveillant. Commençons.*

Nous sommes dans une salle de gymnastique. J'ai les jambes croisées autour d'une corde lisse. Je descends vite. Je m'arrête, surpris par le plaisir que la corde m'a donné. Je ne comprends pas. Je ne bouge pas. Je me vois ébloui. Je descends à nouveau. Le plaisir reprend. Mes pieds touchent le sable. C'est fini. J'ai sept ans, à peine. Comment imiter la corde lisse? Ma main trouve médiocrement, amenant après la jouissance une petite ter-

reur que la corde – n'étant pas moi – n'avait pas provoquée.

Le sexe du mot corde n'a aucune influence sur la suite de mes événements. Je suis amoureux de plusieurs très jeunes garçons, en toute innocence, sans attouchements. Puis les femmes entrent, par l'escalier, dans la pièce où je vivais. La fille de la concierge a toujours deux marches d'avance sur moi. J'essaie, avec elle, la rampe de l'escalier, mais la corde lisse est inimitable. Fût-ce par elle-même : elle ne donne plus rien. Ensuite sept ans passent dont je n'ai rien su.

Apparaît une femme véritable. Je me vois la regardant se mettre nue pour moi. Nous sommes dans un bosquet, près d'une route. C'est la première année de la guerre. Je l'admire. Je la touche, avec au bout des doigts la peur qu'il n'y ait rien dans la boîte, que ce soit une farce. Mais non, rien n'est fêlé. Elle se tourne, je ne me vois plus. Avec la même, quelques mois plus tard, je vis. La rentrée scolaire nous sépare. Je la regrette. Elle vient me voir. Puis une lettre arrive et elle repart dans son pays. Elle était noire. Aujourd'hui, je mesure sa pudeur. A l'exception d'un enfant, il ne pouvait rien lui arriver.

Allons plus vite. Citons le plaisir d'avoir

contre soi une femme agenouillée, l'émerveillement d'être dans une bouche, au milieu des lèvres, tenté par la gorge, battu par la langue. Bientôt les yeux seront bandés.

A la suite de quels débats ? J'en ai été averti par un mouvement qui m'a saisi, lorsque j'ai vu traîner, dans une salle de bains, un vieux loup noir de sommeil. Tel est l'inconcile.

Conséquence de l'aveuglement : le goût pour les démarches gauches et les approches incertaines. Ici, je le reconnais, quelque chose s'est noué. Autre chose : la gaucherie appelle le désir de contrarier les mouvements, de fixer le corps avec des liens. Quand le corps est momie, la tête paraît incongrue. D'où le besoin de caparaçonner le visage avec un bas qui, enfilé jusqu'au talon, déforme agréablement les traits. J'ai vécu sur ce capital pendant une dizaine d'années. La suite fait entrer d'autres hasards. Je devrais vous parler, maintenant, d'un restaurant. Supporterez-vous ce détour ?

P.S. Je viens de relire cette lettre. Je la trouve puante : la complaisance est un vilain défaut.

La vieille dame descend, sort, fait bien attention. Pour traverser la rue comme il faut, elle regarde à droite, très fort. Mais les voitures viennent de la gauche. Une R 5 s'arrête pile. La vieille dame recule d'un pas et pour s'excuser, fait signe à la voiture de passer. Et au moment où la R 5 démarre, la vieille dame s'élance. Que s'est-il donc passé dans sa tête ?

Une jambe fait moins de bruit qu'un pare-chocs. Daniel n'a pas entendu l'accident. Il rumine. Hier soir, après avoir quitté Suzanne et ses amies, il se sentait tout autre. Ces quatre femmes, au fond, paraissaient prêtes à l'aimer. Rentré chez lui, qui voit-il ? Jeanine ! Il feint la surprise et gaiement la renverse sur le lit. Mais Jeanine était prise ailleurs, dans son réseau. Elle dit :

– Pourquoi m'as-tu empêchée de faire demi-tour ?

Daniel, tout penaud, regarde Roscoff. Comme un rocher du port s'était déchiré, il le colle avec un morceau de scotch. Jeanine passe derrière lui : elle arrache la grande photo. Daniel ne comprend pas, il cherche ses fautes, comme à la douane. Jeanine, telle que je la connais, se dit-il. Mais ce qui exaspère Jeanine c'est d'être prise pour celle qu'il connaît. Comment deviner ? Il cherche la sortie. Ce matin, en arrivant ici, qui voit-il ? Laurence ! Même jeu. Mais Laurence est coquette. Elle a oublié les mains de Daniel prises entre le mur et son dos. Elle dit :

– Qu'est-ce qui vous prend ?

Daniel se révolte. Il veut bien ne rien comprendre chez lui, mais ne rien comprendre partout, c'est trop. Il prend Laurence par la taille, entame un tango, la courbe, l'embrasse et la relâche.

– C'est tout ? demande Laurence.

Il y a comme une odeur de moutarde. La porte s'ouvre brusquement. Cécile dit :

– Votre vieille amie vient d'être renversée par une R 5 TS bleue à toit ouvrant. L'ambulance est déjà partie.

« Juste le jour où j'ai pris ma voiture », remarque Suzanne. Heureusement, c'est une Peugeot qu'elle a. Elle est donc tout à fait innocente. Néanmoins, c'est curieux : juste le jour. La Tête agit par la bande. C'est certain. On a beau ne pas y croire, c'est un fait. Comme les verrues. Elle n'en a pas encore parlé à Daniel mais elle a connu un magistrat qui insultait les verrues. Ça les faisait partir. Il fallait être de plus en plus grossier. Sa femme n'y arrivait pas. Les filles de la Légion d'honneur conservent leurs verrues. Sans l'accident, la journée serait bonne. Me Gleize a répondu : Monsieur, j'ai été heureux d'apprendre que votre fillette n'avait pas été violée par Léon. Dans ces conditions, je ne saurais accepter votre offre. Dites à votre petite Marie-Thérèse que je la félicite. C'est bien d'avoir reconnu, face au juge, qu'elle avait menti.

Louis lit à haute voix la lettre d'Henri. Martha fait la moue. Dans l'air qu'elle respire, il y a une vague envie de pleurer. Elle est jalouse, un peu. Henri l'avait privée de sa continuité.

Je te laisse seule, dit Louis, pour que tu deviennes plus nue.

Elle se tourne, je ne me vois plus, écrivez-vous à propos de votre amie noire. Est-ce le regard de l'autre qui vous permet de voir ?

Dans ce cas, si oui, votre mémoire est-elle bien la vôtre ?

– Je suis comme tout le monde, répondra Henri. Comment savoir ? La colère ou le plaisir de l'autre modifient ce que vous avez fait, jusque dans l'intention.

– Quand vous défigurez une femme avec ses bas, que reste-t-il de sa beauté ?

– De votre part, cette question m'étonne, répondra Henri. Ignorez-vous le plaisir de cacher ? Rappelez-vous les œufs de Pâques. Laideur s'écrit l'aideur, quand on fait des fautes.

Isabelle est toujours exacte le samedi, à la messe de vingt heures trente. Elle se place au pied de la chaire, Valérie au premier rang, Jeanne-Louise près du bénitier et Lili-Gisèle à côté de la porte d'entrée. Ayant ainsi quadrillé l'assistance, elles ouvrent toutes grandes leurs oreilles si bien qu'avant la communion elles savent déjà où auront lieu toutes les boums de la soirée. Mais aujourd'hui, elle commence par se recueillir. Merci saint Joseph d'avoir éclairé papa. Mais nous ne sommes pas au bout. Il faut qu'il accepte, maintenant, de le défendre.

Aide-moi, le ciel t'aidera. Demain j'irai voir la maman de Léon. Elle te fera une petite prière de son côté. Ainsi soit-il. Rue de Rome ? Bon. Quel numéro ? Quel étage ? Le nom, on s'en fout.

Suzanne a voulu accompagner Daniel. La vieille dame se réveille en souriant.

– Comme c'est gentil, c'est votre femme ? Ah ! Ça ne fait rien, ne vous excusez pas.

C'est la jambe qui a été cassée, mais on dirait que c'est la voix. Elle est plus mate qu'autrefois.

– Juste le jour où j'ai pris ma voiture, dit Suzanne pour expliquer sa présence.

La vieille dame paraît préoccupée.

– J'ai un service à vous demander, dit-elle à Daniel.

Suzanne s'écarte.

– Je vais vous donner mes clefs. Ça ne vous ennuie pas ? Je voudrais que vous m'apportiez une petite boîte orange qui se trouve derrière le rideau de la cheminée, dans le salon. Une toute petite boîte, orange et blanche. Le fond est blanc. Et comment va Laurence ? Ici le café n'est pas bon. Je ne vous en propose pas. Je ne sais pas ce qui est arrivé. J'ai fait signe à la voiture de passer et puis je me suis retrouvée dessous. J'ai dû avancer sans m'en apercevoir. Que voulez-vous...

– Je ne vois pas, dit Me Gleize, ce qu'il y a de glorifiant dans cette affaire. Il est sûr d'être condamné, ton Léon. Si je dis que vous lui couriez toutes après, les parents vont me tomber dessus.

– C'est pourtant vrai.

– Qui est-ce, ce type ?

– Il conduit très bien.

– Je te demande : qu'est-ce que tu sais de lui ?

– Rien. On ne s'est pas dit trois mots. Sa maman est très gentille.

– Tu connais sa mère ?

– Je suis allée lui porter des oranges.

– Comment as-tu su son adresse ?

– Par le receveur.

– Ah ! bon. Ça continue, avec le receveur ?

– Mais non. Léon habitait chez sa mère. Tu veux que je te l'amène ?

Me Gleize ne sait pas ce qu'il veut. « Si je

n'avais pas été aussi con avec ce Julien, j'enverrais Léon à ses pelotes. » Me Gleize n'ose pas poser carrément la question à sa fille : comment baisait-il ? Comme une brute ou gentiment ?

– Il était très gentil, tu sais.

– Mais moi ? Je vais être tout à fait ridicule ! Si tu ne faisais pas partie du lot, Léon ou un autre, je le défendrais. Mais là...

– Là, tu seras grand, courageux. Demande à Suzanne.

– Laisse-moi réfléchir. Où vas-tu ?

– A la messe. Il est huit heures, déjà.

Daniel n'est pas à l'aise dans cet appartement. La concierge lui manque. Il va droit à la cheminée du salon. Le rideau est baissé. Il le lève. Il le relève maintenant pour la quatrième fois. Il coince un morceau de journal dans l'ouverture. Pas de boîte. Il avance à quatre pattes, se cogne, reçoit assez de suie pour la sentir glisser dans son cou. Cherche son briquet. Tout au fond, bien cachée sous un peu de cendre, la petite boîte. Il remet le rideau à sa place. On sonne.

– Qu'est-ce que vous faites ici ?

– Je suis un ami.
– Moi, je suis le neveu.
– Votre tante m'a demandé un service.
– Ah ! oui ?
– Vous savez qu'elle est à l'hôpital ?
– Non. Lequel ?
– Saint-Joseph.
– Quel service vous a-t-elle demandé ?
– Lui trouver un livre.
– Oui, oui. Donnez-moi ses clefs.
– Ses clefs ?

Daniel ne les donnera pas. Le neveu prendra en passant un petit oiseau en argent, fera le tour de l'appartement et sortira sans rien dire. Daniel s'éponge la nuque. La sueur et la suie font bon ménage.

Sous la statue de saint Joseph, à côté d'ex-voto gravés dans le marbre, on peut voir depuis ce matin une aquarelle toute neuve. C'est un autobus vert de profil, plein de filles à craquer. Au volant, il n'y a personne.

La petite boîte orange en poche, Daniel croit deviner ce qu'avait été la Résistance.

La clandestinité lui fait battre le cœur. Pour rien au monde il n'ouvrirait la petite boîte. La vieille dame sourit. Va-t-il lui parler de son neveu ? Oui.

– Il a été très surpris de vous trouver là ? Eh bien, il a du toupet. L'oiseau, je m'en fiche, mais ce n'est pas bien. Oui, ça va mieux, beaucoup mieux. Je vais rentrer chez moi bientôt. L'ennui, c'est l'ascenseur. Il n'y en a pas. Enfin. Je vais encore vous demander quelque chose. Elle était charmante, cette dame qui vous accompagnait l'autre jour, qui est-ce ? Oui, je voudrais que vous la gardiez, ma petite boîte. Mettez-la où vous voudrez. Ça vous ennuie ?

La voix est restée mate. Daniel se sent pris au piège de l'amitié. Il la confiera à Suzanne, jusqu'à demain.

Marthe fait les cent pas, seule. Si elle sonnait maintenant, Maria ne serait pas couchée. On entend des pas. Marthe se retourne. C'est Maria, une petite culotte violette à la main.

– Vous l'avez oubliée l'autre jour, Mademoiselle.

– Ce n'est pas à moi.

— Mais si, elle est à vous. A qui voulez-vous qu'elle soit ? Pas à moi...

Martha hausse les épaules et s'en va.

— Si ce n'est pas malheureux, une belle culotte comme ça ! Je la donnerai à Monsieur. Il saura bien vous la faire reprendre, lui.

La porte claque.

Martha revient sur ses pas. Elle sonne. Maria ouvre.

— Ah ! Mademoiselle ! Entrez, entrez. C'est Monsieur qui va être content ! Et Madame, donc !

Louis a reçu une seconde lettre de Henri.

— Je m'en fous, dit Martha.

Louis la regarde.

— Je ne viendrai plus vous voir ici.

Il appelle Maria.

— Je croyais lui rendre service, à Mademoiselle. Sans quoi je ne me serais pas permis.

— Voyez, dit Louis, comme le pervers et le naïf s'entendent bien. Chez les peintres, c'est pareil.

— Oui, mais on ne sait jamais à qui ils

s'adressent, tandis que Maria, c'est à moi qu'elle parle.

– Tu veux que je la mette à la porte ?

– Non, mais je veux que vous me trouviez du travail.

– Demain matin, neuf heures, au musée. Tu travailleras sur les dessins.

– Maléfiques ?

– Oui.

Martha sourit. Louis lit à haute voix la lettre d'Henri.

Dans les années 1960, j'étais un jeune premier à la mode. On m'opposait à Gabin, à Fresnay, à Raimu. On me faisait aimer Michèle Morgan, Cécile Aubry. Je gagnais beaucoup d'argent. J'avais un appartement conçu pour le plaisir. A cette époque, je n'aimais pas les lits. Je les avais remplacés par des tables, toutes capitonnées. Certaines étaient inclinées. L'une d'elles, plus petite, faisait tabouret. Elle était creusée, légèrement. Les étriers étaient superbes. On y perdait facilement les arçons. Ces années-là, en même temps que les bonnes sœurs quêteuses, deux intrus étaient tolérés, à midi et le soir, dans les restaurants des Champs-Élysées. Ils proposaient des billets de loterie. L'un des deux, le plus vieux, barbu, s'efforçait de ne vendre aucun billet, jamais. Il filait entre les tables comme un homme qui se dépêche en allant reprendre son chapeau. L'autre plaçait énergiquement ses numéros. Je les regardais faire, sans leur parler.

Un jour, c'était Chez Louis – le seul restaurant de Paris où l'on pouvait manger du mou de veau, à condition d'en avoir passé commande la veille – je déjeunais avec Helena, une amie anglaise. Nous avions vu passer le petit vieux. Quand l'autre arriva, je lui fis signe de s'asseoir. Je n'avais pas prémédité cette invitation mais je la fis naturellement, comme si elle avait été prévue. Je le présentai à Helena : « Mon ami Joseph Pavli, qui m'a sauvé la vie en Forêt-Noire. » Joseph sourit d'un air pressé puis il s'assit. En réalité quelqu'un m'avait sauvé la vie en Forêt-Noire : c'était peut-être lui, après tout. J'avais parlé au hasard. Bref, Joseph paraissait content d'être l'ami d'une vedette de cinéma. Je lui achetai toute sa planche de billets et l'invitai à déjeuner avec nous. J'évoquai des souvenirs de guerre qui devaient nous être communs. Lorsque nous sortîmes du restaurant, Joseph me tendit la main. Pas question, dis-je, je t'emmène. Nous marchâmes de la rue Lin-

coln à l'avenue Montaigne. Helena était distraite. Lorsque nous fûmes entrés dans mon appartement, j'offris à Joseph mon *fauteuil. Helena s'était penchée pour mettre un disque sur le pick-up. Je relevai sa robe. J'entendis, en même temps qu'une gifle, le saphir déraper sur le disque. Je portai Helena sur une table basse. Ce jour-là, tout lui faisait plaisir, le moindre déplacement de peau, le plus petit accord de muscles. Même le poisson rouge dont nous avions dit en riant qu'il pourrait être un bernard-l'ermite, elle le commanda et le prit. Saint-Luc enfin convaincu prit la forme d'une poire creuse. Nous étions à vif. Je ne sais quel pas j'avais voulu franchir, mais tout désormais me paraissait justifié par la présence de Joseph. L'expérience dura trois ou quatre mois. Helena partit, Joseph s'en alla sans rien dire. Depuis, je ne suis pas heureux sans témoins.*

Quelques années plus tard, je rencontrai Guillemette. Son mari ne lui allait pas. C'est par elle que je connus Martha. Dans un premier temps Martha remplaça Joseph. Mais je n'avais jamais pensé à bander les yeux de Joseph. Ni à le sangler sur sa chaise. Martha me donna cette envie, qu'elle accepta gaiement. Femme, le témoin devait être aveuglé et lié. J'ignore pourquoi. Bientôt, Guillemette et Martha changèrent de rôle : ce sont elles qui décidaient : table ou chaise. J'avais déjà quitté l'écran à cette époque. Je vivais de l'argent que je n'avais pas dépensé. Je ne vois rien d'autre à vous dire pour l'instant.

— J'ai bien connu Joseph, dit Martha. Henri lui faisait signe de s'asseoir, souvent. Quand il passait devant nous, il serrait sa planche à billets. Il ne voulait plus.

— Et l'étranglette ?

— C'est plus récent. Je n'ai jamais su pourquoi Helena était partie. Si elle s'était sauvée le premier jour, je comprendrais. Mais là, non. Il faudrait retrouver Joseph. Il doit le savoir.

— Henri, non ?

— Henri ne remarque pas l'essentiel. Cette lettre a dû lui coûter un grand effort. Elle est exacte, pour la partie qui me concerne, mais incomplète. Il a oublié de parler du temps, par exemple : il en mettait entre chaque geste. Guillemette était beaucoup plus petite que moi ; il ne le dit pas. Et si souple. Si tu te mettais comme ça, ton ventre contre mes fesses, elle faisait deux pas en avant, et si elle se renversait, sa bouche retrouvait ton sexe.

– Toi aussi, tu sais : la preuve !

– Oui, mais c'est elle qui m'a appris. Chez son grand-père, il y avait un vieux lit hindou en ivoire, les motifs étaient sculptés. Elle les avait appris par cœur, pour plus tard.

Lorsque Daniel entre dans la chambre de son amie, un vieil homme pâle voudrait se lever précipitamment. Mais il tremblote et malgré ses efforts, il lui faut du temps pour se mettre debout.

– Restez donc, monsieur Lentrain. C'est mon voisin. Il vient me faire la belote, l'après-midi. Il est très gentil mais tout à fait sourd. Je lui parle quand même.

M. Lentrain a décidé qu'il était de trop. Le sourire qu'il esquissait, il l'efface aussitôt.

– Vos Bernachons ! crie la vieille dame. Ces chocolats sont superbes.

M. Lentrain ne reprend pas ses Bernachons. D'un geste, il signifie : on m'en apportera d'autres, si je ne meurs pas demain. M. Lentrain est perdu depuis que sa femme est morte. Mais quand il parle d'elle, c'est sans tendresse, comme si en partant la première, elle l'avait cruellement trompé. Depuis qu'il vit seul, il s'est mis à boire un peu. Un verre de trop et il oublie. Dimanche dernier, il n'a pas allumé le gaz, après l'avoir ouvert. On l'a retrouvé par terre, dans la cuisine, le lendemain matin. Sa fille se demande s'il n'a pas fait exprès d'oublier : elle ne venait pas le voir assez souvent. Elle se le reproche et, en même temps, s'en défend :

– Quand j'arrivais, il soupirait : « Ah ! enfin ! », même si j'étais passée lui dire bonjour la veille. Au fond, il voudrait vivre chez moi, mais quand il y est, il ne sait pas où se mettre. Il est là, comme un réfugié qui ne quitte pas son ballot. Il a toujours sa valise à la main.

– Et savez-vous, demande la vieille dame, ce qu'il a dans sa valise ? Il me les a montrés : ses papiers militaires et les bordereaux de ses titres. C'est la Bourse qui le fait survivre ! Sa fille m'a raconté une histoire qui n'aurait pas pu m'arriver. Un jour, ils traversaient Mantes, en voiture. « C'est par ici, dit M. Lentrain, qu'il y a les usines Singer. » C'était dit sur un ton neutre, qui ne voulait pas déranger. Mais sa fille a compris : « Tu veux les voir ? » Il a répondu : « Oui, si ça ne te fait pas faire un détour. » Lorsqu'ils sont arrivés devant les usines Singer, M. Lentrain les a regardées longuement puis il a dit, en souriant : « Maintenant, je suis sûr qu'elles existent... » Cela faisait vingt ans qu'il avait des actions Singer et au fond, il doutait un peu. C'est drôle, les hommes, non ? A propos, qu'avez-vous fait de ma petite boîte ? Dans un coffre, c'est une bonne idée. Vous en aviez un ? Oh ! je suis désolée de vous coûter cher... Savez-vous que je sors d'ici, demain ? M. Lentrain est tout triste. J'irai le voir, avec mes cannes. Avez-vous regardé ce qu'il y a dans la petite boîte ? Non ? Vous n'êtes pas curieux. Vous verrez : elles sont très belles ! Non, non, je ne vous le dirai pas : vous n'avez qu'à ôter le couvercle. C'est mon oncle qui me les a données. Il était antiquaire à Londres. Il va falloir que j'achète deux cannes. Demain, je dirai au taxi de prendre la rue de Vaugirard. J'ai envie de la revoir, maintenant qu'elle est en sens unique ; votre femme va bien ? Et Laurence ?

Lorsqu'il lui a remis le paquet de journaux qu'elle lui avait commandé, M. Besson a fait un clin d'œil à Jeanine. Du moins, elle a cru le voir fermer l'œil gauche tandis que sa femme regardait ailleurs, exprès. Jeanine se sent blâmée de s'intéresser autant à Henri Julien. Intérieurement, elle regimbe : ce n'est pas le sexe dans cette affaire qui l'attire, c'est le pouvoir. Elle aimerait en parler, causer avec Daniel, mais il répondrait à côté. C'est fou ce qu'une question devient importante, se dit-elle, quand on n'a personne à qui la poser. Elle pense à son beau blessé de l'autre jour qui doit revenir demain, pour un dernier contrôle. Je suis seule à savoir, se dit-elle, que je pense à lui. Sa propre étanchéité la réjouit : le secret a bon goût. Il a si bon goût, même, que parfois on voudrait le faire connaître. Mais ce serait ridicule. La jupe plissée, par exemple, qu'elle porte aujourd'hui pour la première fois, elle l'a achetée pour la mettre demain. Sans raison, elle le sait, puisque demain, quand le beau blessé entrera dans le cabinet, la jupe sera cachée par la blouse. Si je n'avais pas su que la blouse cacherait la jupe, aurais-je osé acheter la jupe ? Peut-être, se répond-elle, mais je ne l'aurais pas choisie plissée. Certes, il y en a qui se servent autrement de leur blouse : Laurence lui fait hâter le pas. Non par jalousie, pense-t-elle : par mépris du vulgaire. Henri Julien n'est pas vulgaire. L'obéissance de ces deux femmes exaspère Jeanine mais, s'interroge-t-elle, si c'était la passivité du piège ? Cet Henri était peut-être englué par son rituel, au point d'en être l'esclave. Dans ce cas, l'apparence est trompeuse, la fierté est ridicule et le vrai pouvoir est du côté des yeux bandés. Guillemette et Marthe ferraient et enferraient Henri, chaque jour un peu plus ? Qui pourrait répondre à cette question ? Henri ? Non, il fait peur. Son avocat ?

C'est un crétin. Me Gleize ? Il ne doit pas savoir.

– Zut, dit-elle, j'ai encore oublié d'acheter un melon.

Ce matin, en passant devant la maternelle, Suzanne a vu une petite fille si jolie qu'elle a pensé : « J'aimerais bien connaître sa mère. » Elle a attendu un bon moment, mais c'est le père qui est venu. On ne peut pas se jeter à la tête d'un homme. Mais Suzanne a emporté avec elle le visage de l'enfant qui lui avait souri.

Elle est seule sous l'abri-bus, étant restée tard au bureau. Me Gleize avait plusieurs lettres à dicter dont l'une était embarrassante. Suzanne aime bien que Daniel soit là, quand elle attend l'autobus. Et Igor ? Il n'est pas là non plus, se dit-elle en riant. Pas têtu, celui-là : il n'a même pas rappelé. Non, ce soir, il n'y a personne. Suzanne croyait dîner avec Marthe mais elle s'est trompée. Suzanne aime bien que Marthe soit là, quand elle dîne. Mais Marthe n'est presque plus jamais libre : elle va voir son fou. Dommage : elle dit ce que les gens ne disent pas, d'habitude. Elle dit :

– C'est une bonne idée de ne pas avoir mis de vase sur cette table.

Elle dit :

– Débrouillez-vous, faites une bêtise, il faut avoir quelque chose à cacher.

Et puis, elle est jolie. Pas aussi jolie que la petite fille, mais presque. Je ne suis pas laide, se dit Suzanne, mais moi, j'aime mieux les autres. Pourtant Suzanne s'arrête toujours quand elle passe devant le magasin de l'électricien. Il vend des couvertures chauffantes. Sur le couvercle de la grande boîte, il y a une femme dans son lit. Elle est heureuse parce qu'elle a chaud. Elle sourit bien qu'elle soit seule. C'est fou ce que je lui ressemble, se dit Suzanne, chaque soir, en la regardant.

Mon petit Léon,

Je vais bien, mais toi? tu dois t'ennuyer. J'ai peur que tes voisins te racontent des histoires à perdre la tête. N'oublie pas ton pauvre père. Moi aussi, j'ai travaillé. Ce que tu as fait n'est pas bien mais si tu étais général, ou même capitaine, les parents n'auraient rien dit, puisqu'elles étaient consentantes, et même un peu plus. Quand les choses sont trop faciles, c'est qu'il y a un piège. Le plaisir est comme le reste, il faut qu'il coûte. Si tu t'étais marié, ça ne serait pas arrivé. Ta femme aurait su te tirer les vers du nez. Enfin, n'en parlons plus. Marguerite va bien. J'espère que tu ne vas pas l'épouser, celle-là. Tâche d'être difficile au moins, maintenant.

Tout le monde m'apporte des oranges pour toi, mais pas une seule mandarine.

Si tu n'es pas content de ton avocat, prends-en un autre. Je t'aiderai à le payer.

Ta petite mère.

P.S. J'oublie tout le temps que tu n'es pas là. Tout à l'heure, j'ai acheté deux melons au lieu d'un.

Après avoir évité six crottes de chien placées en quinconce, Marthe sonne. Sera-ce pile ? Ou face ? C'est pile : Maria. Elle est en colère. Elle dit :

– Si c'est pour venir tous les jours, j'aimerais mieux que vous habitiez ici. Ça use les portes, de les ouvrir tout le temps.

Marthe rit. Elle embrasserait Maria, si elle osait, mais il n'en est pas question. Maria tient à être furieuse, même si, en secret, elle se réjouit de faire rire. C'est son bénéfice.

Louis est étendu sur le lit, face à la Tête. Les lumières sont déjà réglées. La place de Martha est éclairée.

– Tu n'en as pas marre, de cette Tête ?

– Non.

– Eh bien, moi, si. Allons dîner.

— Dehors ?

— Oui. Dehors. J'ai envie d'être ailleurs. Nous dormirons chez moi.

— Bien.

— Autre chose : j'avais promis à une amie de passer la voir, ce soir. Invite-la.

— Bon. Qui est-ce ?

— Elle s'appelle Suzanne.

— Téléphone-lui.

Une demi-heure plus tard, Suzanne arrive. Maria lui ouvre la porte :

— Ah ! C'est vous. Bonjour, madame ! Je suis bien contente de vous voir. Depuis le temps !

Suzanne est conduite au cabanon. Louis, sur le pas de la porte, l'accueille et la fait entrer. Avant même de voir Marthe, Suzanne étouffe un cri : la Tête !

— Ah ! dit Martha, soulagée, tu vois que mon idée était bonne.

— Qu'est-ce que vous dites ? bafouille Suzanne.

— La Tête commençait à m'ennuyer : tu viens de la renouveler, chère Suzanne.

Louis se confond en portos. Il parle d'Henri, de Me Gleize. Il raconte sa passion pour cette affaire, son rôle au musée, l'importance de tout cela. Suzanne écoute, crispée. Martha s'est mise à sa place. Elle dit à Suzanne :

– C'est ma place.

Face à la Tête, elle se déshabille. Oui, c'est une manie. Suzanne, un verre à la main, se sent tout à fait ridicule : elle le pose et attend, comme ce matin. Elle demande à Martha :

– Pourquoi fais-tu cela ?

Martha ne répond pas.

Suzanne se sent trembler. Elle n'a jamais vu une femme se déshabiller sans raison, sans autre raison qu'une tête. C'est ce qu'elle se dit et elle se dit en même temps que ce n'est pas ce qu'elle pense. Martha est si belle que la Tête devient différente. Une gargouille. Les cathédrales en ont. C'est permis. Suzanne préfère regarder la Tête, fixement, uniquement, de toutes ses forces. Martha s'est levée. Elle s'approche, nue, de Suzanne et lui dit très naturellement :

– Maintenant, tu as quelque chose à cacher.

Pourquoi pleures-tu ?

Rentrée chez elle, Suzanne prend un bain. Elle sent venir une seconde envie de pleurer.

Malgré elle, la chaleur aidant, elle pense que Martha a été méchante. Puis elle s'imagine, avec Martha, dans un train. Elles sont parties pour aller loin. Le sommeil les prend, en fait deux sœurs. Elles sont lisses l'une à l'autre. Suzanne s'endort dans l'eau. Elle se réveillera glacée.

— Cette fois, dit Jeanine, tu ne vas pas les jeter au panier !

Elle a découpé les articles concernant Henri Julien. Elle les a rangés dans un classeur.

— Tu veux les conserver ?

— Oui.

— Tu veux savoir ce qu'il deviendra ?

— J'aimerais bien.

Daniel cesse de penser à la petite boîte orange. Ou plutôt, il se dit que Jeanine en est une autre : il ne sait pas ce qu'il y a dedans.

— Pourquoi t'intéresses-tu à ces gens-là ?

— Parce qu'ils font le simulacre de la guerre.

— Et alors ?

– Ma mère m'a mis dans la tête, une fois pour toutes, que les hommes et les femmes étaient des ennemis.

– Tu le crois ?

– Tout à fait. Dans une société occupée par les hommes, les femmes sont condamnées à collaborer. Mais quand les femmes commencent à gagner, les collabos, mon petit, ce sont les hommes.

– L'armistice n'est pas signé ?

– Hypocrite ! A chaque fois qu'un homme et une femme se marient, ils signent un petit morceau d'armistice. Mais la trêve ne concerne que deux personnes à la fois.

– Si bien qu'une femme qui trompe son mari... ?

– Est coupable de trahison : elle fait une paix séparée.

– Dis donc, vous avez des espionnes chez vous ?

– Autant que chez vous. A peu près.

– Elle a trouvé ça toute seule, ta mère ?

– C'est ma grand-mère qui le lui a appris.

– Et si, un jour, on a une fille ?

– Non, je lui raconterai autre chose. Parce que nous aurons gagné, quand elle aura l'âge de m'entendre. Et quand on est vainqueur, on estime que l'ordre règne et que la paix est faite, pour toujours. Pourquoi souris-tu ?

– Je pense à Henri. Il rirait s'il t'entendait.

– Tu l'appelles Henri ?

Petite panique surmontée.

– Oui. Et je dis qu'il rirait.

– Et pourquoi ?

– Comment peux-tu t'intéresser à ce trio, et affirmer en même temps les vieilles lunes de ta grand-mère ?

– Écoute.

Jeanine hésite à parler.

– Écoute. Je suis sûre que tu ne l'as pas remarqué mais je suis tristement pudique. Non ?

– Peut-être.

– Comment ! Peut-être ! Mais tu es tout à fait con ! Je suis pudique au point d'ignorer mon dos et je dois me forcer pour parler de mon cul ! Regarde-toi : tu n'en reviens pas.

– C'est vrai : je n'en reviens pas.

– Bien. Cette pudeur qui me coupe en deux, cette pudeur qui m'empêche d'éclater, où ai-je bien pu l'attraper, hein ?

– Chez ta mère ?

– Et ma mère, où l'avait-elle attrapée ?

– Même chose.

– Oui, même chose. Mais quoi ? Qui a fabriqué la morale des oies blanches ? Ne me dis pas que ce sont les femmes. Ce ne sont même pas les hommes qui l'ont tricotée : ce sont les Messieurs. La culture des oies blanches a reçu tous leurs soins. C'est ça, le mécénat.

– Et après ?

– Et après ? Ce n'est pas drôle, d'être une oie blanche. J'empêche mon corps de faire ce qu'il voudrait. Je m'empêche de faire ce que je voudrais. Tu comprends ça ?

– Quel remède ?

– Toi ! Enfin : toi, si tu y avais pensé. Quand une femme est dans cet état de conserve, elle ne peut pas se libérer toute seule. Elle a besoin de son mari. Et si son mari est du côté des Messieurs, elle a besoin d'un amant ; et si son amant est du côté des Messieurs, elle a besoin d'un autre amant, tu piges ?

– Très bien.

– Alors : Henri. Eh bien, Henri – puisque tu l'appelles Henri – je ne sais pas pourquoi il fait ce qu'il fait, mais je m'en fous. Ce que je sais, c'est qu'objectivement, même s'il s'en tape, il essaye de faire évader ses compagnes.

— Et moi, non ?

— Toi, non. Et figure-toi qu'une femme, si son mari ne fait rien pour qu'elle s'évade, le hait, au fond. Voilà. Le plus triste ? Probablement, je finirai mes jours en oie blanche, plumée par le temps.

Daniel regarde Roscoff. Il ne voit pas ce qu'il pourrait répondre. Ou plutôt, il n'ose pas. Et comme Jeanine s'est endormie la première, il se prend pour une sentinelle.

A la messe de vingt heures trente, les avis sont unanimes : la meilleure boum est donnée par Jean-Luc, aujourd'hui. Isabelle y retrouve Jean-Louis. C'est son nouveau cavalier : il a une BMW 750. Superbe enfin. L'autre jour, elle traversait, à pied, le boulevard Malesherbes. Jean-Louis piaffait au feu rouge. Elle a contourné deux ou trois voitures en se cachant et juste avant que le feu ne devienne vert, elle a sauté en croupe. Jean-Louis a démarré aussitôt. C'était beau à voir, même pour elle. Après s'être arrêté, beaucoup plus loin, Jean-Louis s'est retourné, pour voir qui était monté derrière lui. Elle l'avait croisé une fois, à la porte de la sacristie. Alors ? On est passé de l'autobus à la moto ? C'est ce genre de réflexion qu'Isabelle appréhende, ce soir.

Maria entrouvre la porte et la referme précipitamment.

– Qu'y a-t-il Maria ?

– Il y a qu'il y a une chienne qui fraie avec un loup. Je les ai encore entendus tout à l'heure. Je n'ai pas envie de les voir entrer ici.

Louis, ostensiblement, a préparé ses bouteilles de porto.

– Suzanne vient-elle ?

– Non.

– Pourquoi ce cirque, hier soir ?

– Tu appelles cirque tout ce qui ne t'est pas destiné. J'ai improvisé, je te le jure.

– Mais pourquoi ?

– J'aime beaucoup Suzanne, mais elle ne sait rien d'elle.

– Tu l'as bouleversée.

– Tant micux. Rassure-toi, ce soir, je ne me déshabillerai pas.

– Tu aimes ça, pourtant.

– C'est vrai. Je vieillis : autrefois, j'aimais m'habiller.

Martha va vers la Tête et demande :

– Tu as écrit à Henri ?

– Non, tu vas m'aider.

Martha s'accroupit, prend la position du scribe. Louis l'admire : tous ses gestes la font désirer.

– Dis-lui, dit Martha, que la prison l'a changé. Autrefois, il était vif, net, gai comme un couteau. Maintenant, il écrit comme un curé. Je parle du ton.

– Et moi ?

– Défroqué. Vous avez tous une soutane dans la gorge.

– La France est une terre chrétienne.

– Moi je respire par les cheveux. Ça fait filtre.

– Que veux-tu dire d'autre à Henri ?

– Rien. C'est lui que j'aime et ce qu'il fait. Son cheminement, comme tu dirais, ne m'intéresse pas. Quand je prends le train, je ne regarde pas le paysage avant d'être arrivée. Si tu ne parlais pas sans arrêt, à l'intérieur de ta tête, ta présence te gênerait moins. Moi, ma présence me plaît. Je l'aime bien.

Marthe, toujours accroupie, ferme les yeux. Elle est capable de s'endormir ainsi.

Louis va écrire :

Cher Henri,

Martha prétend que vous avez dû vous contraindre en écrivant les deux lettres que vous me destiniez. Au tribunal, vous aviez le poing plus tendu. Est-ce vrai ? Question n° 2 : vous m'avez écrit : « Je me vois enfant, comme si pour me souvenir je m'étais photographié. » N'était-ce pas déjà l'affirmation que vous auriez besoin d'un témoin ? Avez-vous déjà consulté quelqu'un à ce sujet ? Question n° 3 : ce témoin – dont vous ne pouvez pas vous passer – ne serait-il pas votre ange gardien ressuscité ?

LOUIS.

– Pourquoi, demande Marthe, n'invites-tu pas Maria à dîner ?

– Elle ne veut pas. Elle guette les loups.

Marthe écrit lentement, mot à mot, toutes les folies que Maria lui a dites. Elle n'en oublie pas une.

– Tiens, dit-elle, c'est pour Henri.

On ne bridge pas encore mais Daniel fait déjà le mort. Les amis de l'autre jour sont ici et la conversation roule sur le temps qu'il ne fait pas. Daniel voit arriver le brouillard. On en a déjà parlé une première fois mais Jeanine, joyeuse, a laissé passer l'occasion. Il est question maintenant d'un général qui avait pris le mauvais côté de l'autoroute. Jeanine va sûrement prendre la parole. Le téléphone sonne. Daniel écoute, reste muet puis enfin dit :

– Bon, j'arrive.

Il dit seulement :

– Excusez-moi, je dois sortir.

– Je leur demandais d'abord si elles avaient pris la pilule, dit Léon. Il fallait qu'elles me montrent la petite boîte, sinon je ne marchais pas. C'était ric-rac. J'ai toujours été sévère, là-dessus. Le reste, ça ne pouvait pas leur faire de mal, mais sans pilule, c'est la catastrophe.

– Avez-vous pensé parfois, voudrait savoir Me Gleize, à épouser l'une d'elles ?

– Non, non, je ne suis pas fou.

– Et si l'une d'elles vous l'avait demandé ?

– Non, non, je n'aurais jamais voulu voir les parents.

– Les reconnaissiez-vous ?

– La plupart, oui.

– Vous-même, viviez-vous maritalement avec une femme ?

– Je ne peux pas : j'habite avec ma mère.

– Comment voyez-vous votre avenir ?

– Ils ne me reprendront certainement pas. J'aimerais faire gardien de musée. Il y a des écoles pour ça. Mais si je suis condamné, je ne sais pas s'ils voudront de moi.

– Merci. Cela suffit pour aujourd'hui.

Henri à Louis :

Question n° 2 : je suis allé voir un photographe ; il ne m'a rien dit d'intéressant. Question n° 3 : ce n'est pas impossible. J'ai eu un ange gardien jusqu'à l'âge de douze ans. J'avais souvent recours à lui. Pour savoir si j'aimais ce que j'aimais. Question n° 1 : au tribunal, il y avait Me Gleize et sa muleta. Au tribunal, il y a une distance comique entre les gens qui se parlent. On pourrait faire sécher une lessive de quintuplés entre le président et l'accusé, entre la partie civile et l'accusé, entre le défenseur et les jurés. La parole est forcément faussée. Je n'avais personne devant moi. Ils étaient tous au diable. Si elle s'est exprimée, ma violence venait de là. D'ici, la distance est encore plus grande entre vous et moi : je dois vous écrire pour que vous m'entendiez. Mais écrire n'est pas parler. Écrire ne m'est pas naturel. Donc, je solennise. C'est idiot, vous avez raison, mais tout le monde tombe dans ce panneau. Même les gendarmes solennisent.

Il y a, pour moi, à mes yeux, dans mon insoumission sexuelle quelque chose de solennel. Il ne faut pas vouloir m'en priver. J'aime le tambour. Le matin, le soir, toute la journée.

Me Gleize est soucieux. Sa voiture marche bien, pourtant. Un avion, a dit M. Charles. Non, c'est Léon qui préoccupe l'avocat.

— Ton Léon est un brave garçon mais il est un peu simplet, dit-il à sa fille. Il n'a aucune mémoire. Il est incapable de répondre à une question. Il ne sait pas comment cette aventure a commencé. Il ne connaît pas vos noms. Ni vos prénoms. Il oublie qui fut la première et qui eut l'idée de la palissade. Peux-tu répondre à sa place ?

Isabelle reste muette. Elle n'a aucun souvenir qui puisse être dit à un père. On ne se rappelle jamais comment on est entré au théâtre. La mémoire s'ouvre quand le rideau se lève.

– Je vais demander à Thérèse. Elle doit savoir. C'est la plus vieille.

Chez la vieille dame, tout est en l'air. Les tiroirs de la commode sont renversés sur le tapis. Les coussins des fauteuils ont été arrachés. Des tableaux sont posés par terre. La vieille dame est debout, adossée au mur. Ses cannes la soutiennent. Elle est très pâle, méconnaissable. La porte palière était ouverte, Daniel est entré sans sonner. Le neveu est debout, lui aussi.

– Dites-lui la vérité ! Il prétend que je vous ai donné mes émeraudes.

– Quelles émeraudes ?

– Tu vois bien.

– Où étaient-elles ? demande Daniel.

– Dans une petite boîte orange.

Daniel secoue la tête. Ce neveu est bien l'homme qu'il déteste le plus au monde.

— Que veniez-vous faire ici, l'autre jour ?

— J'étais venu chercher un oiseau que votre tante m'avait demandé. Je ne l'ai pas trouvé. Un oiseau en argent.

Daniel voit avec plaisir le neveu s'approcher. Mais le neveu a peur. Daniel se fait calme. Il ordonne :

— Vous allez remettre ces tiroirs à leur place. Et ces coussins. Et ces tableaux.

Le neveu hausse les épaules et veut sortir. Daniel lui barre le chemin et demande à son amie :

— Voulez-vous que j'appelle la police ?

— Non, merci.

Le neveu obéit.

— Sortez, maintenant, commande Daniel.

— Demandez-vous, dit l'autre, quel est le plus salaud de nous deux.

Et il claque la porte.

— Demain, madame, je vous rapporterai la petite boîte.

— Si vous voulez.

— Malgré mon amitié, je ne peux pas.

— C'est sans importance. Voulez-vous un café ?

— Avec plaisir. Je vais le faire. Asseyez-vous. Je vais rester un peu.

— Oh ! il ne reviendra pas ce soir. Non,

prenez votre café et retournez chez vous. Je vous ai dérangé, n'est-ce pas ? J'ai eu peur, vraiment. J'ai cru qu'il allait me tuer.

– Et pourquoi ne lui donnez-vous pas les émeraudes ? Il vous laisserait tranquille.

– Vous avez raison. Je n'y avais pas pensé.

– Téléphonez-lui. Je serai à midi à la banque, demain. Je lui remettrai la petite boîte.

– C'est ça. Je l'appellerai tout à l'heure.

– Pourquoi pas maintenant ?

– Il habite très loin d'ici. Il ne peut pas être arrivé chez lui. Mais ne vous inquiétez pas : je l'appellerai.

Écrite en noir sur le mont Blanc, cette petite phrase de Jeanine : *Excuse-moi, je vais dormir ailleurs – pendant quelques jours. J.*

Daniel a faim. La phrase le surprend à peine. Il se dit qu'il ne pouvait pas faire autrement, qu'il ne pouvait pas, d'un coup, tout raconter. Il regrette son silence. Il s'expliquera. Il a faim et envie de sortir. Il appelle Suzanne. Bien sûr, il peut venir : il reste des sandwiches aux fraises. Avant de partir, Daniel avale une tranche de jambon. Il relit la phrase. Elle est claire. C'est la première fois que Daniel se trouve seul ici. D'habitude, quand il est seul, c'est que Jeanine n'est pas encore rentrée. D'habitude, ça ne compte pas.

Louis à Henri :

Grâce à Martha, j'ai retrouvé Joseph. Connaissant votre affaire, il m'a pris pour un flic. Il m'a parlé d'Helena comme s'il ne l'avait jamais vue. Disant : « elle devait être nue », « elle devait être là ». Curieux bonhomme. D'après lui, vous connaissez son vrai nom. Il s'attendait à ce que vous lui demandiez des comptes. Il n'aurait jamais osé vous quitter. Il a pour vous courtoisie et respect. Il est clair qu'il évitait de voir ce que vous faisiez. Il appelle Helena « Mademoiselle ». Ce qui l'a frappé, c'est votre exaltation quand vous choisissiez une étoffe. Pour Helena, sans doute? Était-ce un ottoman, un gros-grain comparable — ou identique — à celui que porte Martha? J'ai remarqué que la langue de la Tête était coupée dans ce tissu. Je me trompe?

LOUIS.

P.S. Joseph aujourd'hui vend des timbres, au marché du Rond-Point. Il porte une décoration qui m'est inconnue.

– Mon père n'est pas content, dit Isabelle : Léon ne se souvient de rien. J'ai pensé qu'à nous toutes on pourrait le remplacer. Mon père voudrait savoir qui a eu l'idée de la palissade.

– Moi, dit Thérèse.

– C'est pas vrai, c'est moi, dit Lili-Gisèle.

– C'est toi, la première ?

– Non, c'est Élisabeth.

– Elle n'est pas là.

– Je ne lui ai pas demandé de venir : c'est une salope. Elle raconte des horreurs.

– Quoi ?

– Qu'il l'a brûlée avec un mégot.

– C'est Laurent qui l'a brûlée.

– Tu y étais ?

– Parfaitement.

– Tu es toujours partout, toi.

– Merde.

– Allons, allons, dit Isabelle : il s'agit d'aider Léon.

– Avant la palissade, dit Jeanne-Louise,

on allait dans la guérite du garde, derrière le square.

— Si personne ne le sait, il est inutile d'en parler. Élisabeth a connu la guérite ?

— Je ne crois pas, dit Valérie.

— Mon père voudrait savoir comment ça se passait, la première fois. Ce que chacune lui a dit. S'il nous a demandé quelque chose.

Toutes ensemble :

— La pilule ! Si on avait pris la pilule !

— Je sais, dit Isabelle, mais avant la pilule ?

Silence.

— Je crois que je lui ai demandé si je pouvais venir avec lui, c'est tout, dit Valérie : s'il avait le temps.

— C'est surtout ça : s'il avait le temps. Tu devrais expliquer à ton père, dit Clarisse, qu'un conducteur d'autobus a le chronomètre au cul. Pas question de jacasser.

— C'est vrai, constate Bérénice, on ne l'a jamais mis en retard.

— Sauf une fois !

Éclat de rire général.

— Pas brillant, comme témoignage, ronchonne Isabelle.

— Il faut dire la vérité : il a toujours été très gentil avec nous. Et puis, merde ! On ne va pas raconter qu'il gardait ses gants pour nous écarter les jambes. C'est un vicieux, ton père.

– On peut dire qu'on restait debout, suggère Marie-Lyse : ce sera peut-être moins grave pour lui.

– Tu crois ?

Suzanne, Marthe, Cécile écoutent Daniel raconter sa soirée chez la vieille dame.

– Je ne suis pas sûre, dit Suzanne, que vous soyez tout à fait dans votre droit. Vous devriez, demain matin, passer voir Me Gleize.

Cécile s'indigne, Marthe sourit. Daniel se sent les épaules larges : il est content de lui. Cécile prête au neveu les traits de son ancien petit ami : elle grimace.

– On ne mange pas assez de sandwiches aux fraises, dit Daniel. C'est excellent.

L'itinéraire le veut : Daniel raccompagne Marthe, puis Cécile. Dommage, pense Daniel qui se laisse inviter par Cécile à boire un verre de liqueur d'abricot. Avec un peu de gâteau ? Elle fait toujours deux gâteaux le lundi, un gros pour Suzanne, un plus petit pour elle. Elle met un disque mais, dit-elle, il faut se déchausser, sinon les voisins grognent. Quand on n'a qu'une seule pièce, trois murs sur quatre donnent sur un voisin.

Entre deux sillons, Cécile a dit en rougissant qu'elle aimerait épouser un médecin. Puis ils se sont assis et même – un peu – allongés. Daniel, préoccupé, l'a caressée tendrement. Cécile est presque nue quand Daniel s'aperçoit qu'elle s'est endormie dans ses bras. Il la pose dans son lit et s'en va sans la réveiller. Après avoir bu un café au drugstore, il achète un petit livre sur le close-combat et se couche, chez lui.

Henri à Martha :

*Pendant la promenade, hier, j'ai fait la connaissance d'un don juan très modeste. Il est grand, d'une laideur sympathique. Le nez de Jean le Bon, le menton de Voltaire. A ses traits, on le croirait baroudeur, officier. En réalité, la nuit il habite chez sa mère et le jour il conduit un autobus. On l'accuse d'avoir abusé d'une classe entière. Une classe terminale. Devine qui le défend : M*e *Gleize, cette limace. D'après Léon – c'est mon don juan – toutes ces demoiselles couraient après lui. Le fait est qu'elles l'ont attrapé. Le plus curieux* *est que la fille de Me Gleize est l'une de ces drôlesses. Léon est tout à fait scandalisé. Il a dit à Me Gleize qu'il était gêné d'être défendu par lui. Mais l'autre s'obstine. Je me demande si ma Tête n'est pas devenue efficace.*

P.S. Maria a-t-elle été mariée ?
P.P.S. En gros : où habites-tu ?
P.P.P.S. J'étais si bien installé dans mon silence que je t'ai écoutée sans y penser.

Suzanne a donné le meilleur fauteuil d'attente à Daniel. Me Gleize n'est pas encore là. Daniel n'est pas à l'aise. Que doit-il faire de ses émeraudes ? Si la vieille dame les lui a confiées c'est qu'elle avait peur de les avoir chez elle. Les lui rendre, c'est lui rendre sa peur. Mais moi je n'ai aucun droit sur ces émeraudes. Elle ne me les a pas prêtées. Elle ne me les a pas données. Elle me les a confiées. Mais je ne suis pas une banque. Si son neveu me tue et me les prend ? A-t-on le droit de receler ce qui n'a pas été volé ? Voilà la question.

Daniel n'a pas vu Isabelle. Elle le dévisage.

– On se connaît ?

– Vous m'avez traité de flic autrefois.

– C'est pour le dire à mon père que vous êtes ici ?

– Pas du tout, pas du tout.

– C'est un ami, dit Suzanne.

Me Gleize n'étant pas arrivé, Daniel désolé s'en va. A vrai dire, il est assez content. La petite demoiselle de la banque ferme derrière lui la salle des coffres. Par précaution, il regarde si les émeraudes sont toujours là. Elles sont six, belles, énormes. Il met la petite boîte orange dans sa poche revolver. Et il attend le neveu. Midi cinq, midi dix, midi et demi. Qu'il aille se faire foutre, ce voyou.

La concierge portugaise pleure depuis le matin.

– Il n'y a plus personne là-haut, dit-elle à Daniel. Les pompiers sont venus, appelés par un voisin, alerté par l'odeur du gaz. La vieille dame a été emmenée, mais c'était fini. Non, le neveu n'est pas revenu. Il a dû voir l'attroupement, comprendre et s'en aller. Elle a laissé un mot pour vous.

Daniel le glisse dans sa poche. La concierge suit tristement son geste. Alors il ouvre l'enveloppe, lit, puis relit à voix haute : « Vous avez été très gentil, mon ami de la dernière heure. J'avais voulu vous faire plaisir. Tant pis, c'est gâché. Gardez-les, si vous pouvez. Tuez tout le monde, s'il le faut, mais soyez heureux, vous et les vôtres ! Soyez heureux sans vous compter. Adieu. »

– C'était une grande dame, dit la concierge.

Henri,

Je m'étais habituée à ton silence mais ta lettre est bien tombée : je commençais à m'oublier. Ton écriture m'a réveillée. Ce matin, je suis heureuse. Tu serais fier de moi. Je me suis récitée sans une faute. Mon cœur est intact. Il bat bien. Louis est très gentil, mais trop cérémonieux. Il a, comme toi, le goût du rituel mais ses messes ne sont pas gaies. Je crois qu'il n'a pas la foi. On se sent seul, dans son église. Je ne voudrais pas être à sa place. Tu devrais l'interroger. Il a pour toi une admiration exagérée. Crois-moi. Maria est toujours aussi folle. Elle m'a priée, hier, de lui rendre la clef de sa chambre ! « Si

Mademoiselle veut dormir dans mon lit, elle n'a qu'à le demander. » Je lui demanderai un jour, peut-être.

MARTHA.

Encore Maria. Elle m'a dit : « Celle qui épousera Monsieur fera une bonne affaire : il a un potager en plein Paris. »

– Je m'excuse pour hier, téléphone Cécile : c'est la première fois que ça m'arrive, de m'endormir quand on me caresse. Pour la peine, vous viendrez dîner demain, pas vrai ?

– D'accord, dit Daniel distraitement, d'accord et merci.

Et il appelle Jeanine. Mais Jeanine n'est pas une personne qui peut être dérangée dans son travail. Elle fait répondre qu'elle n'a rien à dire. Tout à l'heure, Daniel lui écrira. Pour l'instant – qu'est-ce qu'elles ont, toutes ? – Laurence l'invite à boire un verre dans une boîte amusante. Bien sûr. Daniel est un grand oui.

Cet après-midi, Laurence cultive son jardin : elle accentue sa démarche, sait trouver la lumière qui traverse sa blouse, répète ses mouvements de cou, se lime les jambes, sourit à fendre l'âme. Les clients, pourtant malades, en sont touchés. Quel dommage qu'elle coupe si court ses cheveux blonds. Daniel, souvent, rêve d'une chevelure qui ferait cavalier seul, qui se promènerait dans l'air comme un essaim, qu'on pourrait prendre. On jouerait avec. Une chevelure sans visage, sans oreilles, sans corps, sans réplique. Ce n'est pas le jour, s'accuse Daniel, d'aller voir les chimères. Mais sous ce dais noir et gris, une envie générale de vivre fait sourdre une petite colère dont Daniel pense le plus grand bien.

La boîte amusante est exotique, martienne même. Les lumières, les ombres, la musique, les boissons, les espaces sont cocasses. Ce qu'on boit est de couleur violette, ce qu'on entend est un grésillement très fort. On est « assis-couché » dans des loges capitonnées en forme de noix. L'ensemble bouge, ou plutôt se déplace. A tour de rôle, les noix tombent, glissent, remontent au ciel. Brusquement, elles deviennent transparentes, pour l'amusement. Entre les dents de scie du grésillement passe une chanson rétro: Milton ou *le Chaland qui passe.* Laurence est tout à fait à l'aise. Elle enlève son soutien-gorge et remonte ses jupes : c'est que l'on bronze à l'intérieur de ces noix. Daniel laisse ses mains se promener. Il se demande – mal – s'il ira à l'enterrement. Il commence à écrire, mentalement, sa lettre à Jeanine. Bref, il est très occupé. Laurence, tout à coup, se fait goulue.

– J'aime bien mordre, dit-elle.

Panique. Laurence se lève, toutes griffes dehors. Daniel la raisonne, hypocritement. Laurence, désarçonnée, est émouvante, enfin. Elle a appris l'amour dans les bandes dessinées pour adultes. Pour elle, Wolinski est un médecin, un grand sexologue. Elle se prend pour Paulette. Quelle journée. La noix remonte une dernière fois ; Laurence l'avait prévu : Daniel est ébloui. Pour en garder une trace, Daniel paie la séance avec sa carte bleue.

– C'est son notaire qu'elle avait chargé de l'enterrement, dit la concierge.

Elle avait bien fait les choses. Toute la rue est là, endimanchée. La boulangère, le marchand de couleurs, le fils du boucher, tous les voisins, même ceux du square. Son médecin, son pharmacien, son opticien, son marchand de cannes. Aucun membre de la famille. Daniel, Suzanne, Cécile ont pris place dans le chœur. Quand le curé dit : « Prions afin qu'elle entre au ciel », un murmure emplit l'église. Un murmure indiscret, confus : personne ne sait plus prier mais tous les assistants veulent, vraiment, qu'elle entre au ciel. Ils l'encouragent plus qu'ils ne prient. S'ils osaient, ils diraient : « Oui, oui, au ciel » à haute voix. Cette rumeur surprend le curé. Les morts sont si rarement applaudis. Tout à l'heure, en passant devant la pharmacie, une odeur de créosote survolera le cortège et Daniel penchera la tête. La vieille dame aimait tant lui demander des nouvelles de Laurence.

Cher Louis, bonne idée d'avoir cherché Joseph ! Mais Helena, écrit Henri, *eût été une meilleure mémoire. Son départ est à mettre sur le compte de ce que Marthe appelait mon goût du temps. Je voulais apprendre à manger. Installer du temps à l'intérieur de cette action plusieurs fois quotidienne. Et j'entendais qu'Helena en fît autant. C'est un fromage blanc qui nous a séparés. J'aime bien cette idée, encore aujourd'hui. Qui peut se vanter d'avoir un fromage blanc dans sa vie?*

Le tissu, c'est une autre histoire. Un jour j'ai assisté au baptême de quelqu'un. C'était à la campagne. La réception avait lieu en pleins champs. Une femme, seule, est arrivée en retard. Elle avait un tailleur noir, en ottoman. J'aime cette granulation si particulière: des grumeaux fins, dispersés selon un certain ordre. Le dos de ma main frôla l'étoffe et cette femme me fit aussitôt confidence de son état. Elle était partie en colère de chez elle, avait écouté je ne sais plus quel concerto pendant le voyage et, en arrivant, était tombée sur moi. La colère, que la musique avait tournée en exaltation, l'aidait à passer outre: elle trouva ma main toute naturelle. C'est tout. Mais j'ai gardé de cette rencontre un goût immédiat pour l'ottoman, quoique je n'en porte jamais moi-même.

P.S. Vous avez raison: la langue de ma Tête est bien de cette eau-là.

P.P.S. Marthe aimerait que vous me parliez de vous. Vous l'agacez, semble-t-il.

Daniel écrit à Jeanine. Il raconte, fidèlement, la geste de la vieille dame, la naissance de cette amitié, l'existence du neveu, l'accident, la petite boîte orange, la raison de son départ l'autre soir, les émeraudes, la banque, la mort, la tristesse de tout cela. Il s'accuse de n'en avoir rien dit, au jour le jour. J'étais sûr, explique-t-il, que cette histoire ne t'intéresserait pas. J'avais tort ?

La lettre expédiée en pneumatique, Daniel se demande où Jeanine a bien pu s'abriter. Il ne sait pas s'il est jaloux. Il a plutôt la sensation d'être amputé. Pas d'un membre. De son air, de son nord, d'une partie de sa vie, tout simplement. Dehors, il est plus gai, sa petite colère le reprend. Il va passer voir Marthe.

– Martha ?

– Oui.

– J'ai reçu une lettre d'Henri. Il me dit que je t'agace.

– C'est vrai, parfois. Souvent.

Silence.

– Comment es-tu habillée ?

– Je ne suis pas habillée.

– Mets ta main sur ton ventre.

– Non. J'ai décidé de te soigner.

– Je suis malade ?

– Gravement. Tu n'es bien qu'absent. En

ce moment, tu es heureux, je présume ?

– Tout à fait.

– Si j'étais près de toi, tu le serais moins. Avoue-le.

– J'avoue. Mais je te l'ai dit cent fois, ce n'est pas ta présence qui me gêne, c'est la mienne.

– Je sais : tu voudrais être invisible comme les gosses rêvent de faire sans être vus ?

– Exactement.

– C'est enfantin.

– Et après ?

– Tu n'y arriveras pas.

– Je le sais bien ; mais j'essaye.

– Plus tu essayes, plus tu échoues. Hier, quand je suis entrée chez toi, tu t'es caché.

– Oui.

– Tu as cru me donner des ordres et j'ai fait semblant de t'obéir.

– Pourquoi as-tu fait semblant ?

– Parce qu'un ordre doit être présent, chaleureux. Toi, tu voudrais toujours être ailleurs et arriver au dernier moment. Car tu aimes arriver ; tu imagines une foule d'hommes autour de moi, tu te frayes un passage, tu les écartes et tu entres ! C'est ça ?

— Oui.

— Pourquoi te racontes-tu cette histoire ?

— Je ne sais pas. Comment l'as-tu devinée ?

— A ton air, à tes gestes, à ce que tu dis. Et si tu pouvais tuer en toi le besoin d'arriver, d'entrer, si tu pouvais rester sur le quai, tu le ferais.

— Certainement. C'est grave ?

Elle rit.

— Et si tu pouvais me faire donner par Maria une petite pastille qui me mettrait en rut, tu le ferais, non ?

— Peut-être, oui.

— Et où te mettrais-tu pendant que la petite pastille ferait son effet ? Tu irais te promener ?

— Où tu voudrais, mais pas très loin.

— Tu n'es donc pas même un voyeur ?

— Non. L'oreille suffit.

— A quoi ?

— L'enfant invisible à l'ouïe fine.

— Je n'aime pas les enfants. Henri est un homme. Ses histoires, il les vivait en homme. Et moi, en femme. Avec toi, je suis seule.

— Heureusement, Maria est là... Guéris-moi.

– Cesse d'admirer Henri.

– Impossible.

– Alors, tant pis.

– Ne sois pas injuste : ma chaleur est sans doute mal placée mais elle existe : tu lui es indispensable.

– Autant qu'un alibi ?

– Exactement autant. Tu vois ? C'est énorme. A quelle heure viens-tu dîner ?

– Tôt.

Isabelle est heureuse. Jean-Louis lui a parlé de Léon sans méchanceté, sans sourire. Elle regrette, maintenant, que son père se soit engagé. Elle montre à Jean-Louis une photo de la Tête : celle qui lui reste.

– C'est mon portrait ? (Jean-Louis se trouve facilement des ressemblances avec n'importe qui.) Tu me le donnes ?

Isabelle hésite : si elle l'envoyait à son père en imitant l'écriture de Léon ?

– Tu sais encore écrire comme un gosse ?

Jean-Louis fait un essai. Il s'amuse. Ce n'est pas mal.

– Allez, écris : « Je ne veux plus que vous me défendiez. »

Jean-Louis s'applique.

— Et je signe ?
— *Léon*. Comme ça, ce sera fini.

Martha se prépare, s'habille. Elle va dîner tôt chez Louis. Vêtue de noir, pâle, elle est en accord avec ses murs orangés, ses objets mats, ses lumières en taches. Un seul tableau. On croit d'abord que c'est un paysage mais c'est une tête, peinte à la cire. Les couleurs sont à l'intérieur de la toile : on en voit la sueur.

— Servez-vous.

Martha n'est pas provocante : elle est craintive. Si elle se desserrait d'un cran, la femme en elle jaillirait de ses robes. Elle sait cela. Ce n'est pas qu'elle sente, inscrits dans son ventre, les mouvements de la tempête. Non : elle est la tempête, le vent. Telle qu'on la voit – calme, muette – elle n'est pas, n'existe pas.

— Servez-vous.

Daniel, pour elle, est un homme d'un autre monde. A peine un homme. Mais comment pourrait-il deviner Martha, lui qui à travers cette semaine sabbatique croit avancer en initiation. Et comme cette semaine pourrait bien finir avant samedi – il en a le pressentiment – Daniel accélère le temps. Il se voit entrer dans le studio par le côté jardin et dire : « Ai-je une chance de vous plaire un jour ? »

Il le dit.

– Je n'imagine pas ce jour-là mais s'il arrive, vous ne vous en apercevrez pas. Bien des gens me plaisent que je ne toucherai jamais.

– Tant pis. Tenez.

Il lui donne la petite boîte orange.

– Elles sont superbes. Reprenez-les.

– Vous ne les voulez pas ?

– Elles n'ont aucun sens entre nous. Donnez-les à votre femme, si elle revient.

– Elle n'en voudra pas.

– Vous n'en savez rien.

Elle lui rend les émeraudes. Il les pose sur la table basse.

– Je ne vous laisserai pas les oublier. Il va falloir que je parte.

– Dans combien de temps ?

– Pourquoi ?

– J'avais l'espoir de vous voir nue, une fois.

Marthe sourit, dit :

– C'est bien.

Elle se déshabille calmement. Nue, elle

ferme les yeux, reste droite, debout. Maintenant, elle s'agenouille, elle s'allonge. Daniel suit les gestes de Marthe comme s'ils étaient les siens. La tranquillité de l'une et le désir de l'autre forment un ensemble si visible, si évident à travers le silence que Daniel ose placer sa main sur le ventre de Marthe. Marthe reçoit la main, l'accepte.

— Tu vois, dit-elle.

Le besoin de toucher quelqu'un que l'on croyait inaccessible : Daniel ne le connaissait pas. Est-ce le tour de bonté ? A la première lame de fond, Marthe se laisse emporter. Ailleurs, Maria se couche, Louis allume les bougies, ici la nuit tombe tout à fait. Puis Marthe entend à nouveau passer les camions.

— Tu as changé, dit-elle.

— Prenez-en une.

Daniel lui donne la plus belle des émeraudes.

— Adieu, dit-elle.

C'est curieux, cette impression de connaître la personne qui dîne avec Me Gleize, ce soir. On la voit mal, c'est un fait. Le coin est ombragé. D'ici, on ne peut pas les entendre parler. On distingue seulement la courbe des voix. L'une et l'autre nous sont familières. On ne peut pas tout savoir.

– Monsieur croyait que vous ne viendriez pas, dit Maria en chemise de nuit. Moi, je lui ai dit : « Mademoiselle a dû trouver quelqu'un qu'elle ne connaissait pas. C'est toujours plus long, quand on ne connaît pas. »

Même jeu : Jeanine refuse de répondre au téléphone.

– A-t-elle reçu ma lettre ?

– Certainement : les lettres arrivent toujours.

La petite colère a changé de sens. Daniel guette Jeanine à la sortie du cabinet de stomatologie. Il la voit acheter un melon, entrer chez le boucher, choisir un fromage. Que penser ? Elle prend un taxi. Il fait signe au suivant. Elle s'arrête à sa porte, à leur porte. Il la laisse monter, se demande à qui, à quoi il devrait penser pendant ces trois dernières minutes. Rien ne s'impose : il est heureux.

– Je n'ai pris qu'un melon. Je ne pensais pas que tu serais là.

Il l'embrasse. Elle l'écarte gentiment.

— Où étais-tu ?

— J'avais loué un studio. Finalement, je m'ennuyais. C'est une belle histoire, ta vieille dame, j'aurais bien aimé la connaître.

— C'est vrai ? Qu'est-ce que tu as fait pendant tout ce temps ?

— J'ai suivi tes traces, pour en profiter. J'ai dîné avec Me Gleize, avec Louis Robert...

— Qui est-ce ?

— L'amant de Martha. Elle, je ne l'ai pas vue. Cécile non plus. Laurence encore moins.

Cécile ! C'est elle que Daniel retient au bord de l'avalanche : ce soir, il devait dîner avec elle.

— Tu me les fais voir, tes émeraudes ?

Daniel est en perdition.

— Les voici.

Il ouvre la petite boîte orange avec gourmandise.

— Heureusement que je suis revenue.

— Pourquoi ?

— Tu m'as écrit, sais-tu ?

— Et alors ?

— Eh bien, d'après ta lettre, il y en avait six.

– Je me suis trompé.

Jeanine retourne à son fourneau.

– Tu n'en veux pas ?

– Six, ça m'aurait plu. Mais cinq, c'est trop.

– Tu n'as pas beaucoup changé.

– Toi non plus.

– Si on essayait ?

– Commence.

Silence.

– Eh bien, ce soir, j'ai un dîner.

– Tu dois y aller.

– Bien.

Sous la lampe, la table est mise. Louis débouche une très vieille bouteille. Martha est encore habillée. Sa robe est bleue. Maria lui en a fait la remarque :

– Voilà que votre robe a bleui.

Maria ne conçoit pas qu'on ait plusieurs robes. On a une robe, une vie, un patron. On doit avoir plusieurs morts, elle en est convaincue. Mais quand elle était louve, elle n'avait qu'un chien, pour ami.

– T'ai-je parlé de Jeanine ?

Non, Louis n'a jamais parlé de Jeanine à Martha.

– C'est par Henri que je l'ai connue.

– Quand ?

– La semaine dernière. Me Gleize lui a donné mon numéro de téléphone. Elle voulait entendre parler d'Henri. Jeanine est une femme apparemment très digne : Maria, devant elle, n'a dit aucune folie.

– Merci.

– Toi, c'est différent. Maria m'a confié l'autre jour : elle avait craint que tu veuilles prendre sa place. Elle a essayé de se défendre, c'est normal...

– En effet, elle s'est bien défendue. Et ta Jeanine ?

– Elle avait une jupe plissée, ce qui, pour moi, est un signe d'intelligence. De plus, elle est sympathique : elle m'a parlé d'Henri et de son mari comme s'ils étaient une seule personne.

– Elle n'a pas le droit.

– Non, mais elle en crève. Elle n'a pas un métier rigolo : prothésiste. Elle ajuste des appareils mais surtout elle les essaye. Elle ne voit que des bouches en faillite, toute la journée. Je lui ai montré la Tête. Petit cri ! Mais elle s'est contrôlée.

Louis goûte le vin. Il paraît satisfait. Il emplit le verre de Marthe et le sien.

– Bois, dit-il.

– Quand tu auras fini ton histoire.

– Elle m'a demandé si Henri avait fait d'autres têtes, différentes de celle-ci.

– Il en a fait, oui, des tas.

– Et tu ne me l'as pas dit ?

– Il fallait rencontrer Jeanine plus tôt.

– Où sont-elles ?

– Demande à Henri. Ensuite ?

– Ensuite ? Je lui ai lu les lettres d'Henri.

– Tu n'avais pas le droit. Les lettres d'Henri appartiennent à Henri. En droit.

– C'est la deuxième fois que tu invoques le droit. Que se passe-t-il ? Bois.

– Non. Tu m'agaces.

Martha s'en va, sans avoir goûté au vin.

Daniel n'a pas repris de gâteau. Il était dix heures et quart quand il a quitté Cécile. Il se rappelle, dans le désordre, tout ce que Jeanine lui a appris depuis un mois : la haine des Messieurs, l'envie d'être libérée, Henri, le rôle des amants. Quelle salade ! Il se demande dans quel état il devrait être pour ne pas décevoir : gai ? désespéré ? ivre ? Tiens, il n'avait pas eu encore cette idée : ivre. Pourquoi pas ? Il entre. Tout est noir.

Partout. Non : dans la chambre, une très petite lumière. Jeanine dort. Il va boire un grand verre de ce qu'il y a. Il n'aurait pas dû rentrer si tôt. Il ne sait plus. Peu à peu, Laurence vient se dandiner devant lui, comme un bouchon, quand on pêche au coup. La noix. La noix est un souvenir, comme un autre. Laurence ? il s'en fout. Cécile ? complètement. La vie est ici ou ailleurs, mais en continuité. Oui : en continuité. Martha ? Une étoile filante. Une parenthèse. Une chance. Mais Jeanine, bon Dieu, comment l'aborder ? Elle est folle, avec ses histoires.

Daniel se verse un second verre de ce qu'il y a.

« Si tu crois que tu es facile à aimer ! Au garde-à-vous, oui ! Regarde-toi quand tu me regardes ! Comme un môme qui pourrait mieux faire. Avec Laurence, je n'étais pas gêné. Comment oser, quand on n'ose pas ? »

— Qu'est-ce que tu fais ?

— Je me reposais. Un peu.

— Qu'est-ce qu'elle t'a fait boire, cette petite ?

Daniel est surpris. Jeanine trouve très drôle qu'il soit saoul. Apparemment. Elle le couche, le borde, le câline. Serait-elle aussi simple ?

– J'ai annulé les billets pour Panama, dit Jeanine.

– Pourquoi ?

– Je n'ai plus envie de prévoir ma vie.

Daniel essaie d'ouvrir les yeux.

– Ah ! bon, dit-il.

En cherchant l'interrupteur, sa main frôle une chose inconnue : le masque de sommeil qu'il avait rapporté de la pharmacie, il y a quelques mois.

– Ce sera pour une autre fois, dit Jeanine.

Le lendemain matin, Suzanne, en passant, s'arrête pour embrasser Cécile.

– Pourquoi pleurez-vous ? Il n'est pas venu ?

– Si, justement.

Laurence est au courant. Elle guette l'arrivée de Daniel. Elle n'arrive pas à boutonner sa blouse. Daniel boutonne, boutonne, de dos. Comment résister ? Daniel improvise. Laurence est contente. Daniel est fâché : il ne se parle plus.

Me Gleize était en voyage. Il participait à un congrès. Là-bas, il a été écouté, questionné par ses confrères, interviewé par des Suédois. La gloire. Et ici, en arrivant ce matin, il trouve sur son bureau la photo de la Tête crayonnée par Jean-Louis. Quoi ? Comment ! C'est le comble. Quelle humiliation ! Jamais, jamais. Que faire, maintenant ? Que dire ? Bon Dieu. Il roule vers la prison.

– Qu'est-ce que c'est que ça ?

Léon regarde, lit, paraît plus fin que d'habitude.

– Ce n'est pas moi.

– Ah ! Bon.

– Mais si j'avais osé, je l'aurais fait.

– Vous êtes fou !

– Non. Pas moi. Vous.

– Très bien, dit Me Gleize. Prenez n'importe qui. Prenez surtout n'importe qui !

Me Gleize fait grincer ses vitesses. Me Gleize monte sur un trottoir. Et quand il croise sa fille, elle lui dit :

– C'est Jean-Louis qui va être content.

Suzanne a fait un court-bouillon. Elle y travaille depuis deux jours. Suzanne a préparé un homard à l'américaine, une salade persillée de foie gras et un sorbet aux fruits de la passion. Comme elle est née à Puligny-Montrachet, Suzanne a raison d'aimer le vin de son pays. Son invitée est Marthe.

Elles ne se sont pas vues depuis que la soirée chez Louis s'est si mal terminée. Suzanne appréhende les premiers mots mais elle est sûre de ne pas pleurer. Ses larmes, l'autre soir, venaient de si loin. Elle voudrait ne pas en parler. D'avoir vu Martha nue se pencher sur elle, que reste-t-il aujourd'hui ? Un parfum presque chaud, une douceur, une tendresse.

– Comment dois-je t'appeler ? Marthe ou Martha ?

– Marthe.

Marthe, très naturellement, s'exclame, a faim, apprécie. Comme Suzanne est appliquée. Comme elle voudrait paraître aussi légère.

– Et si je dormais chez toi, ce soir ? dit Marthe.

Cher Louis, c'est vrai, vous ne m'avez jamais plaint d'être en prison. Votre indifférence me réchauffe. Vous m'avez intéressé pendant quelque temps. Mais vous filez un mauvais coton. Qui agace Marthe m'agace. C'est dommage pour vous : je ne vous ai pas dit l'essentiel.

Les têtes ? J'en ai fait des centaines. Je ne les ai jamais montrées. Il en reste tout un tas dans la grange où nous vivions parfois, Marthe et moi. Les têtes sont derrière une porte, dans une pièce interdite. La clef qui ouvre cette porte est en dépôt chez le curé. C'est un ami. Allez-y. Marthe vous conduira. Votre admiration pour moi me touche énormément. Mais n'en abusez pas.

HENRI.

Cécile a séché ses larmes. Suzanne l'emmène au théâtre voir le Goldoni de Strehler. Elle n'a jamais supporté un spectacle aussi long. Elle a peur d'avoir oublié le commencement quand le dernier acte arrivera. Cécile aime le théâtre mais elle n'y est pas tranquille : qui peut nous assurer qu'une pièce est bien *la même*, du début à la fin ? Elle craint d'être trompée et de ne pas s'en rendre compte. Crainte qu'elle n'éprouve jamais dans la vie. Petite robe noire, chaussures neuves, blondeur éclaircie, Cécile, assise sur le bureau de Suzanne, bat des jambes. Me Gleize passe.

— Toujours heureux de vous rencontrer.

Les hommes d'un certain âge ne manquent pas de qualité.

Marthe a fait un cauchemar. Elle a revécu la mort de Guillemette. Mais autrement. Guillemette était attachée à des rails et le train n'en finissait pas d'arriver. Marthe était dans le train et pourtant elle voyait Guillemette, là devant elle, sans pouvoir la délivrer. Son cri l'a réveillée. En pleine nuit, elle a appelé Louis.

— Viens.

Louis n'avait jamais vu Marthe aux prises avec elle-même. Elle se débat, se jette sur Louis, tremble.

— C'était affreux.

Louis est heureux. C'est lui que Marthe a appelé. Elle est capable d'avoir peur. Elle pleure, enfin.

— Tu sais, dit-elle, en me réveillant j'ai crié. Et au même moment, je me suis rappelé : quand Henri m'a enlevé le bandeau, il piétinait quelque chose. Je le vois bien, maintenant. Je l'avais oublié. C'était affreux...

Louis reste à côté d'elle, assis, comme tout le monde. Le meilleur moment, pense-t-il. Elle dort bien.

Me Gleize est un habitué de la Vieille Taupe. Il y a sa table et son bungalow. Aujourd'hui, Cécile est son invitée. Champagne, foie gras, sauterne, loup au fenouil, champagne, framboises. Me Gleize est seul à taire son millésime.

« Il est vrai que ce matin, je ne savais pas encore ce que je voulais faire de Cécile, se plaide Me Gleize : la compagne d'une fois ? Une gentille habitude ? » Cécile boit peu. Elle a peur de s'endormir, comme l'autre soir avec Daniel. Elle ignore ce qu'elle attend de Me Gleize. Elle pense qu'il sent bon, qu'il n'a pas l'air vicieux. Elle l'interroge doucement sur son métier, sur ses goûts en cuisine. Me Gleize cherchait un bon sujet de conversation, capable de durer. Il vient d'en trouver un – qui l'étonne bougrement : le mariage.

– Je veux me marier pour danser quand j'en aurai envie.

Me Gleize s'entend insister.

– L'âge ? C'est sans importance. Il faudrait qu'il m'aime beaucoup, et moi aussi.

« A quoi je joue ? » s'inquiète Me Gleize. D'avoir choisi le mariage comme dessert, il déduit que, peut-être, il a quelque part – les pompiers disent : « Il y a le feu quelque part » – envie d'épouser Cécile. Me Gleize sourit de sa propre énormité : il est capable de faire un coup pareil. Parfaitement. Non par bêtise. Par raison : quand il a vu arriver Cécile, avec sa petite robe bleu ciel, ses chaussures neuves et sa peau de pêche, il a pensé à la chèvre de M. Seguin. Ce qui l'a enfermé dans le rôle du loup. Rôle détestable, face à Cécile, si enfantine. « Isabelle pourrait être sa mère. Gâteux. Si Isabelle était sa mère, Isabelle serait ma femme. La question est ailleurs. La question est dans l'attendrissement. Isabelle m'agresse. Cécile m'émeut. »

Bien que le déjeuner soit fini, Me Gleize ne souhaite pas quitter la table. Il s'accroche à ce radeau. La tradition voudrait qu'on prît le café au salon – c'est-à-dire au bungalow, à deux pas du lit. Ce qui le retient à table, loin du lit, c'est une politesse inhabituelle, déroutante : la politesse du cœur.

« Il faut savoir, articule en silence Me Gleize, il faut savoir si j'ai envie de l'épouser ou de l'adopter. »

– Vos parents, parlez-moi de vos parents.

Apparemment, ils sont vivants. La route de l'adoption est coupée. Alors, brusquement :

– Si nous allions à Bruges ?

Cécile bat des mains. Ses yeux se plissent pour rattraper leurs larmes. Cécile n'est pas comme Isabelle : on peut encore lui faire plaisir.

Marthe ouvre la porte de la grange. Le curé les accompagne. Louis tremble un peu : il croit connaître cet endroit. Il l'a déjà vu. Il y est déjà venu. En rêve, peut-être ? Cette table, cette horloge, ce morceau de pain ? En rêve, oui ? Le curé, gamin, joue avec la seconde clef.

– C'est l'enfer, dit-il, riant.

La seconde porte s'ouvre sur un tas de

têtes, en effet, amoncelées, une pyramide.

Des têtes inhumaines, en terre. Louis s'agenouille pour mieux voir, ébloui.

Marthe crie. Elle montre d'un doigt la dernière, celle qui domine les autres. Ce n'est pas un visage. C'est une tête sans visage, belle, belle. Et Martha dit :

– Guillemette.

– C'est elle ?

– Oui, c'est elle.

Elle sans nez, sans bouche, sans yeux, sans oreilles, elle, si ressemblante.

Martha s'approche de Guillemette et dans la terre encore crue, elle enfonce l'émeraude.

Avant d'enfiler l'autoroute, il faut passer prendre les brosses à dents. Première station : chez Cécile. Vingt mètres carrés contiennent la cuisine, le poste de télévision, la cuvette sanitaire, le divan, la douche et l'espace de rangement. Les murs sont moins occupés : une reproduction de l'*Homme au gant* a pris la place du Christ. Me Gleize s'en approche. Cécile dit :

– C'est une photo que j'ai découpée dans un journal. Je l'appelle l'*Homme au gant*.

Elle est loin de tout savoir, se dit Me Gleize, mais après tout, je me fous du Titien. Il regarde Cécile mettre une robe dans une valise. Il pense à elle comme à une greffe. Elle a l'air solide. « Elle mettrait du neuf dans ma vie. » Il compte sur le corps de Cécile comme on mise sur le beau temps. Il entend passer une insulte : « Es-tu devenu complètement idiot ? Oui, non. Ma vie est stupide, encadrée. Elle ne vaut pas la peine d'être protégée. Mais que dira Isabelle ? Ça ne la regarde pas. Il faudra que Cécile s'habitue à ne rien faire. Elle apprendra. »

– Tiens, il n'y a pas un seul livre, ici.

– Je les cache.

– Ah ! Bon.

– Vous êtes fâché ? Vous ne parlez plus ?

Silence.

– Si on se mariait ? propose Me Gleize.

Cécile tombe dans ses bras :

– Pas si vite, sourit-elle.

Me Gleize est tout à la fois déçu et soulagé. Cécile lui tend ses lèvres. Il prend sa tête entre ses mains, lui caresse les cheveux, ne l'embrasse pas. Quelque chose le paralyse : l'idée qu'il joue vraiment, qu'il a pris le risque de perdre pour la première fois de sa vie. Cécile fond en larmes :

— Il ne faut pas se moquer de moi.

Me Gleize ne rassure pas Cécile. « Si elle ne me croit pas, raisonne-t-il, c'est que je suis incroyable. » Ce n'est pas elle qu'il a envie de planter là : c'est lui. « Mon client, plaide-t-il, a décidé d'épouser Cécile. Il ne reviendra pas en arrière. Dans vingt-quatre heures, nous saurons ce qu'il aura gagné ou perdu. »

Cette fois, on part. Cécile attache sa ceinture et dit :

— C'est drôle que vous n'ayez pas une Jaguar.

« Compte tenu de notre nouvelle situation, se suggère Me Gleize, il serait prudent de renoncer à l'humour. » Et au moment même où il met le contact, la Tête lui apparaît. Trop tard ? Trop tôt ? Il ne sait pas l'interpréter.

Henri, Marthe a reconnu Guillemette. Se trompe-t-elle ? C'est une folie de cacher ces têtes. Même si les Beaux-Arts nous ennuient, il faut les montrer.

J'en suis là : Marthe a reconnu Guillemette.

Je sais aussi que vous piétiniez quelque

chose lorsque vous avez ôté le bandeau de Marthe.

A vous, LOUIS.

Au kilomètre 250, Cécile s'est endormie. Son sommeil paraît si profond que Me Gleize se gare sur une aire de repos. Il descend, allume une cigarette. On pourrait croire qu'il réfléchit. Ce sommeil l'excite : la Belle au bois dormait. Il allonge le siège de Cécile, la déchausse, la pose sur le ventre, tire doucement son collant. A qui appartient ce corps ? Répondez, nom de Dieu ! Qui l'a mis là ? Il la caresse régulièrement, comme si sa main était un accessoire de la voiture, agité par le mouvement de la route. Avec précaution, il retourne le corps de Cécile. Ce sommeil serait inquiétant si le ventre ne répondait pas aux premières caresses. Il goûte son sexe, s'étend sur elle, y entre. Cécile ouvre grand ses yeux, les referme, sourit à peine, s'agrippe à lui, gémit tendrement, au rythme d'une berceuse. Aussitôt que Me Gleize est calmé, elle se tait. Mais lorsqu'il se lève, elle se jette sur lui, avec fougue, les yeux bien ouverts, comme prise par un orgasme retardé, soudain. Voici qu'elle tremble, qu'elle sanglote, qu'elle fait des gestes imprévisibles, incohérents. Elle sursaute, comme un poisson sur l'herbe. Elle pourrait se faire mal. Aussi soudainement, elle s'affale en râlant. C'est le silence, maintenant.

Daniel avait une course à faire par ici. Il espérait rencontrer Suzanne, c'est son quartier. Mais ce n'est pas Suzanne, c'est Marthe.

– Vous avez déménagé ?

– Oui.

– Où habitez-vous ?

– Chez Suzanne.

Que dire dans ce cas-là ? C'était joli chez vous ?

– Il m'arrive encore de sortir le soir, dit Martha.

– Adieu, répond Daniel.

Il y a longtemps que Me Gleize n'a pas été aussi gai. Quelle bonne idée il a eue. Cécile est mille fois plus amusante que Jeanine. Jeanine n'est pas exotique pour deux sous. De plus, elle est mariée. C'est agaçant, les gens mariés. Il a déjà tout un programme : Venise, Amsterdam, le Lot, l'Écosse. La musique, la peinture, les livres. Elle a douze ans, il en a quinze. C'est Suzanne qui va rire jaune ! Et Isabelle. Je couperai l'appartement en deux. Chacun nos clefs. Indispensable. Demain j'achèterai des disques et quelques nappes. Il n'y a plus de nappes à la maison.

Juste avant le dernier péage, Cécile dit :

– Je ne veux pas qu'on se marie.

Elle plaide, à son tour :

– Il n'y a pas d'amour entre nous. Vous vous êtes jeté sur moi parce que vous aviez envie de vous jeter. Mais vous ne m'aimez pas. Vous n'êtes jamais pareil d'une heure à l'autre. Vous pensez toujours à autre chose. Vous n'êtes pas une vraie personne. Vous ne m'avez rien dit qui soit vrai. Vous êtes gentil mais vous n'existez pas. C'est votre liberté qui vous gêne ; je vous la rends. Je ne suis pas assez forte pour deux. Si vous m'aimez un jour, je vous épouserai peut-être. Mais je ne crois pas que vous soyez capable d'aimer quelqu'un. Ça n'est pas donné à tout le monde. Moi je vous aime bien comme vous êtes, mais pas pour vivre. Ce que vous vouliez faire avec moi, le cinéma le remplace.

Moi, j'aime mieux n'avoir personne. C'est plus clair. Et puis un jour, peut-être, je le rencontrerai, l'*Homme au gant*.

Léon est content. On lui a trouvé – d'office – un avocat qui le traite de tous les noms. Jeanine attend que Daniel devienne grand. Daniel attend que Laurence l'ennuie. Joseph, hier, a vendu très cher un timbre faux. Helena est arrivée à Paris ce matin, venant de Los Angeles. Suzanne a commandé un lit plus grand. Cécile s'est acheté une alliance. « Une seule ? » a demandé le bijoutier. Ce soir il y aura du brouillard sur la nationale 1. Il faudra faire attention, avant Pierrefitte. Me Gleize relit son merdier. Il déchire la Tête mais conserve les lettres d'insultes. A la messe de vingt heures trente, Isabelle fera la quête. Daniel jettera dans l'aumônière une petite boîte en carton de couleur orange. Isabelle la gardera pour elle. Le curé n'en aurait rien su, si Maria n'avait pas tout vu.

Henri à Louis :

Voici qui va clore votre dossier. Martha a

bien vu : j'avais modelé trois têtes de Guillemette, trois têtes sans visage, trois visages lisses. Pour moi, leur ressemblance avec elle était secrète, imperceptible. On est seul — croyais-je — à reconnaître son pays sous la neige. Je me suis trompé. Ces trois têtes étaient des masques. On pouvait les porter. Le crâne creux, qui les prolongeait, faisait casque.

Ce mercredi-là, après avoir bandé les yeux de Guillemette, je m'étais masqué du premier. J'avais coiffé Marthe du second, le troisième était à sa place, dans la grange, derrière la porte.

Pendant l'étranglette — et je suis sûr de moi : j'étais bien en deçà du danger — le bandeau de Guillemette a glissé. Elle avait la tête à l'envers. Elle m'a regardé. Ou plutôt, hélas : elle m'a regardé et elle s'est vue, comme si elle était hors d'elle, comme si elle s'était quittée. Sa peur m'a effrayé. J'aurais pu ôter le masque. Je n'y ai pas pensé. Je n'ai pas compris que la ressemblance la tuait.

C'est ce masque que Marthe m'a vu piétiner. Le second, je l'ai écrasé dans mes mains. Le troisième est toujours dans la grange, mais je le jetterai dans la Seine. Il ira au fond.

Par ma faute, la tête de Guillemette est

devenue pourrissante. Cette pourriture, je l'ai imaginée : j'en ai fait une tête – que j'ai envoyée à Me Gleize. Vous avez eu tort de vous extasier devant elle.

Je n'ai plus rien à vous dire.

HENRI.

Marthe chérie, je sors d'ici mardi prochain ! Libre ! Me Gleize vient de m'apprendre la nouvelle. Mardi, vers midi, je sonnerai à notre porte et Maria viendra m'ouvrir !

Ces trois années de prison, je ne souhaite pas en parler. Pendant les vingt premiers mois, j'ai vécu comme un légume. Puis je me suis mis à écrire, comme ça, pour me divertir, sur du papier quadrillé. Je t'envoie ces pages aujourd'hui pour que tu les fasses taper : j'aimerais les avoir mardi. C'est un caprice. Tu y reconnaîtras des gens. La vieille dame est ma tante Lucie. J'ai beau être son neveu, je ne lui volerai pas ses émeraudes : elle n'en a jamais eu. Son père était gendarme au Tonkin. Elle dit vraiment, de temps en temps : « C'est si doux, le trot d'un homme. » Je comptais trouver un mari à Cécile et un amant à Jeanine ; ma mise en liberté les laisse en plan. Qu'elles se débrouillent ! Si j'ai donné un mauvais rôle à Me Gleize, c'est qu'il m'a très mal défendu : on ne mérite pas cinq ans de prison pour avoir fait quelques faux billets. Suzanne, tu la connais. Elle m'a tenu compagnie gentiment, bien que je lui aie préféré Cécile qui, elle, n'existe pas. Laurence, j'aimerais bien la rencontrer. Léon, c'est mon voisin et Me Gleize le défend. Quant à Louis Robert, c'est la force cachée de ta vie. Daniel ? J'aimerais lui ressembler. Isabelle ? J'ai dû l'inventer. Me Gleize n'a pas d'enfants. Mais j'ai vu un jour une fille — qui traversait la rue — sauter brusquement en croupe d'une moto qui démarrait. C'était superbe ! Le plus curieux : cette histoire m'a donné une formidable envie de faire des têtes. Je voudrais en avoir, comme mon Henri, toute une pyramide derrière une porte ! Des belles, des terribles, des têtes sans visage. Ce qui m'a le plus manqué, ces derniers temps, c'est un peu de terre.

Si j'ai gagné ma vie jusqu'à présent en fabriquant des faux, c'est au fond par timidité. Tu verras comme Louis parle des têtes que je vais faire... Je les vois bien, déjà.

Peut-être pourrais-tu demander à Guillemette de taper ce texte ? Elle frappe correctement. Pauvre Guillemette ! Si son rôle la choque, offre-lui des chocolats.

Je souhaite, très fort, que ces pages ne t'agacent pas. J'ai peut-être exagéré ton goût du déshabillage : c'est la prison qui fait ça.

A mardi,
tout entier,
ton (vrai)

HENRI.

— Moi, je ne m'ennuie pas dans ce livre, dit Marthe, mais ce Louis, quel raseur ! Vraiment, tu me crois capable de lui avoir obéi ?

— Tout à fait, rit Henri.

— Tu veux que je me déshabille ?

— Non.

On est mardi matin, ils sont dans le métro.

— Ton Henri me plaît mais ton Louis m'embête. Ils ont l'air de bien s'entendre pourtant. Je ne comprends pas pourquoi.

— Ils ont, l'un et l'autre, la nostalgie du panache blanc — du temps où le sexe entraînait l'homme à sa suite. Ils voudraient rendre à leur sexe la mémoire et l'imagination qu'ils n'ont pas cessé de lui emprunter.

– Un sexe sans mémoire et sans imagination ? je n'en ai jamais vu.

– As-tu oublié Jean-Marie et Mme Saclier ?

– Oui.

– Mme Saclier a quatre-vingts ans. Jean-Marie lui tient compagnie : il est serviable, mais sur commande seulement. Quand le cheval est attelé à la charrue, rien ne se passe. Il faut que Mme Saclier crie : « Dis : Hue ! » Alors, seulement, Jean-Marie dit : « Hue ! » et le cheval avance. Louis – son sexe – a besoin qu'une femme lui dise : « Hue ! »

– Et comment, d'après toi, lui ai-je dit : « Hue » ?

– En te soumettant à la Tête. Moi, je comprends très bien Louis. C'est une victime des Beaux-Arts. Il voudrait voir une femme comme on regarde une peinture : en spectateur. Quand on admire un tableau, on n'est pas du tout dedans. Mais dans la vie, ce n'est pas possible : on est toujours là ; on dépasse ; on est contemporain de ce qu'on voit. Quand Louis regarde une femme, il ne voudrait pas se trouver dans le même temps qu'elle : c'est pourquoi sa présence le gêne.

– Si je comprends bien : me soumettre à la Tête, c'était détourner sa présence ?

– C'était le vouloir, en tout cas.

– A qui ressembles-tu, toi ?

– A Cécile, dit Henri.

– A Cécile, seulement ?

– Non : à tous et aux mille autres que ma paresse a laissés dans les limbes. Si je me réveille un jour avec le corps et le visage de la vieille dame, je ne serai pas trop surpris : notre apparence unique – notre destinée – ne me paraît pas naturelle.

Silence.

– De qui ton Henri tient-il le besoin d'avoir un témoin ?

– D'un clochard. Il est monté dans le wagon au métro Boissière. Il a gueulé : « Ça pue ici. Ça sent le chacal. » Il a baissé une vitre. Il s'est assis. Il a regardé les passagers. « Bande d'abrutis ! Ils ne savent même pas que ça pue. » Quand ils étaient dans le champ de l'imprécateur, les gens ne souriaient plus. Puis l'homme s'est fâché. Il a gueulé : « Dehors ! Foutez le camp ! » Mais, s'adressant à une place vide, il a ordonné : « Pas vous ! »

» Crois-moi : on ne pouvait pas voir sans trembler un peu cet homme qui, pour être intimement seul avec son wagon, réquisitionnait l'absent qui lui plaisait. Et à chaque fois qu'il disait « pas vous ! » à une place vide, il y avait pour un instant dans sa voix l'amitié qu'on a pour le bon larron, pour le témoin qui suit le même sort que le tien, jusqu'au bout.

— Et c'est tout naturellement que Joseph est venu s'asseoir à la place vide ?

— Non. J'ai imaginé Henri, dit Henri, appelant instinctivement quelqu'un d'anonyme à sa table. C'est alors seulement que Joseph m'est apparu, en souvenir. Mais cet appel d'Henri était le « pas vous ! » du clochard.

Je suis la mieux placée pour vous dire que Henri est un menteur. J'étais avec lui, dans le métro, quand le clochard est entré. Il était vêtu de foulards entremêlés, comme un nourrisson très pauvre. La scène a bien eu lieu, comme Henri l'a dit. Mais elle s'est passée *hier* et hier le livre d'Henri était terminé. Il l'a augmenté de ces trois pages, pour que la fin soit mieux bouclée. Quant à moi, je m'appelle Cécile de Norfolk et personne n'a jamais vendu de chaussures dans la famille.

Arrêtez vos conneries ! Le livre, c'est moi qui l'ai écrit : il sort d'ici, dit le clochard en tapant sur un vieux magnétophone. Je l'ai trouvé dans une boîte à ordures et sur la bande, il y avait ça.

Faiblement, les piles étant usées, on entend une voix sans identité, mais familière à chacun, étrangement. Un chant sans paroles, une plainte sans mélodie, une voix désarticulée, continue.

– Qui est-ce ? demande quelqu'un.

– Je l'ai appelée Martha. Et maintenant, tous dehors ! Tous ! Foutez le camp !... Pas vous.

Qui donc est-elle, celle – ou celui – que le clochard voudrait garder dans son wagon ?

L'impression de ce livre
a été réalisée sur les presses
des Imprimeries Aubin
à Poitiers/Ligugé

pour les Éditions Bernard Grasset

Achevé d'imprimer le 16 avril 1980
N° d'édition, 5338. – N° d'impression, L 12463
Dépôt légal, 2e trimestre 1980

ISBN broché : 2-246-00952-9
luxe : 2-246-00953-7